# TRADUCTION

# MÉMOIRE

QUE

La Légation Extraordinaire de la République Dominicaine

## A ROME

PRÉSENTE

## A SA SAINTETÉ

# LÉON XIII

TRÈS DIGNE PONTIFE RÉGNANT

ET

## JUGE ARBITRE

DANS LE

Désaccord existant entre la République Dominicaine et celle d'Haïti

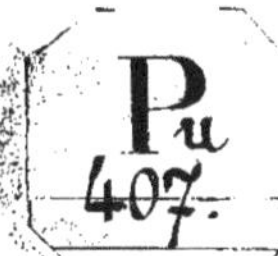



PARIS

SOCIÉTÉ ANONYME DE L'IMPRIMERIE J. KUGELMANN

(G. BALITOUT, directeur)

12, rue de la Grange-Batelière, 12

1896

TRADUCTION

# MÉMOIRE

QUE

La Légation Extraordinaire de la République Dominicaine

## A ROME

PRESENTE

A SA SAINTETÉ

# LÉON XIII

Très Digne Pontife Régnant

ET

## JUGE ARBITRE

DANS LE

Désaccord existant entre la République Dominicaine et celle d'Haïti

PARIS

SOCIÉTÉ ANONYME DE L'IMPRIMERIE J. KUGELMANN

(G. Balitout, directeur)

12, rue de la Grange-Batelière, 12

1896

A SA SAINTETÉ

# LÉON XIII

*Très digne Pape régnant et Juge arbitre dans le désaccord existant entre la République Dominicaine et la République d'Haïti, en raison de l'interprétation contraire qu'ont donnée leurs Gouvernements à l'article 4 du traité du 9 novembre 1874.*

*TRÈS SAINT-PÈRE,*

L'amour de la paix et le désir de résoudre d'une manière rationnelle et chrétienne la grave question de limites qui existe entre la République Dominicaine et la République d'Haïti avaient toujours porté le Gouvernement de Santo-Domingo à proposer l'arbitrage comme le moyen le plus convenable pour donner une solution définitive à cette question, aussi difficile en soi que propre, par l'excitation qu'elle produit, à pousser peuples et gouvernements à un état d'esprit où, la raison étant étouffée, la guerre paraît naturelle et la force brutale nécessairement appelée à se substituer à la discussion et au raisonnement. Haïti, pour des motifs qu'il appartient à elle seule d'apprécier, avait opposé un refus constant à toutes les propositions qui lui avaient été faites dans le sens exprimé, et rien jusque-là n'indiquait une variation dans un dessein aussi persistant. A quoi est donc dù le changement aussi heureux qu'inespéré qui a eu lieu dans le cabinet de Port-au-Prince? Est-ce peut-être à la confiance dans la bonne foi du Gouvernement Dominicain? Haïti apprécie-t-elle mieux qu'hier les avantages du jugement arbitral? Comprend-elle enfin l'impossibilité d'un règlement exclusivement confié à la décision des parties intéressées, plus disposées à soutenir leur droit qu'à transiger? Tout cela peut être; mais le Gouvernement Dominicain n'a pas cessé un moment de croire qu'il doit l'accord obtenu à l'inspiration providentielle qu'il a eue de proposer à Haïti que si elle Vous choisissait comme son arbitre, lui-même dès lors Vous acceptait également comme le sien. A la seule énonciation de Votre auguste nom, la crainte s'est transformée en confiance, la résistance obstinée en tran-saction bienfaisante. La grandeur de l'arbitre a tout dominé. Par-dessus les préoccupations, par-dessus les doutes s'est élevée, puis-sante et imposante, la conviction que le Grand Pontife qui se nomme Léon XIII ne pouvait être surpassé par aucun autre arbitre humain. Son intelligence élevée, son impartialité, sa justice, son amour pour le troupeau dont il est le pasteur, sont des qualités reconnues de tout l'univers, non par l'effet d'un mouvement éphémère, né de l'exalta-tion et de l'enthousiasme du moment, mais par celui d'un sentiment réfléchi que l'on éprouve en le voyant étudier et résoudre avec assu-rance la grande variété de questions qui agitent et font chanceler l'Europe moderne. L'arbitrage était donc acceptable et l'arbitrage fut accepté. Soyez béni! Très Saint-Père, pour avoir rendu possible une semblable solution! Et béni soyez-Vous aussi pour Vous être prêté avec bonté à résoudre le grand différend de ces deux petits États du monde de Colomb, en Vous astreignant également à la tâche ingrate d'entendre des parties litigantes qui, pour désireuses qu'elles soient d'y mettre la brièveté que Vos hautes occupations exigent, ne réus-siront peut-être pas à concilier entièrement cette précieuse condition avec le devoir qu'elles ont envers leur pays d'exposer et de défendre d'une manière claire, complète et satisfaisante, les droits confiés à leurs soins.

# I

## AVANT LE TRAITÉ D'ARANJUEZ

Courait l'année 1519, quand un événement singulier vint troubler profondément les colons de l'île de Saint-Domingue. Les montagnes de Baoruco, au sud-ouest de l'île, avaient retenti du cri de « Liberté ! » lancé par le cacique Enriquillo et ses vaillants compagnons ; et la puissance espagnole se sentit ébranlée dans l'île préférée de Colomb. Le droit se trouvait du côté des insurgés ; et si le mouvement eût pu être soutenu avec énergie et constance par une forte armée et un peuple nombreux, la race indienne de Saint-Domingue aurait été la digne émule de la race araucanienne de l'Amérique du Sud. Mais cette héroïque protestation, quoique glorieuse à un haut degré, ne pouvait obtenir de résultats que ceux qu'elle obtint : du renom et de la gloire pour l'illustre chef qui la dirigea et la soutint intrépidement, un coin de patrie libre pour les faibles restes de la population indigène, et le droit de mourir en paix sans sentir sa chair déchirée par la main inhumaine du commandeur. Eu égard à ses faibles ressources, beaucoup en vérité obtint, dans sa lutte de quatorze ans, le premier *guerrillero* de Saint-Domingue, et l'un de ses fils les plus illustres, si bien que l'Espagne, en traitant avec le dernier cacique indigène, représentant autorisé des droits de sa race, acquit ce qu'en réalité elle n'avait pas auparavant : le droit d'occuper légitimement l'île, tenant Enriquillo comme une espèce de souverain feudataire. La convention avec Enriquillo convertit en droit ce qui, auparavant, n'était qu'un fait fondé sur la conquête.

Au commencement du xviie siècle, un acte très impolitique ouvrit largement les portes du territoire de Saint-Domingue aux ennemis de l'Espagne et mina ses droits seigneuriaux. Les colonies ne pouvaient commercer qu'avec la mère-patrie et seulement avec un port déterminé de celle-ci. Monte-Cristi, Bayaha, La Yaguana et Puerto-Plata, villes de la côte du Nord et de l'Ouest de Saint-Domingue, tâchèrent d'éluder des prescriptions aussi tyranniques qu'antiéconomiques et entrèrent en relations d'affaires avec les Anglais et les Hollandais pour la vente de leurs peaux et autres produits de leur travail, qui se perdaient souvent faute de navires nationaux pour les transporter. Le gouvernement de la métropole ne toléra pas une semblable infraction et ordonna que les villes coupables fussent détruites et leurs habitants condamnés à former, dans l'intérieur de l'île, les bourgades de Monte-Plata et Bayaguana. La majeure partie des côtes du Nord et de l'Ouest restèrent désertes, et par là pénétrèrent d'abord les Boucaniers, et plus tard les Flibustiers, durs écumeurs de mer, livrés dans les commencements à leurs propres forces, ensuite appuyés et soutenus par les gouvernements rivaux de l'Espagne, spécialement le français. Combien les conseillers de l'ordre de destruction si peu médité étaient loin de penser qu'en effectuant ainsi ce qui était plutôt une mesure draconienne que le châtiment d'une poignée de contrebandiers, à la fois défenseurs jaloux de l'intégrité territoriale, on préparait la cession d'une bonne partie du territoire de l'île et on ouvrait une ère de désastres et de ruines dont Dieu seul sait quand viendra la fin !

A partir de 1630, l'invasion fut constante. Les gouvernements espagnols la combattirent avec l'énergie propre à la race ; mais, manquant d'hommes et de ressources, ils furent impuissants à l'arrêter ; et au milieu de revers et de triomphes, les Français, aidés enfin de leur Gouvernement, occupèrent définitivement toute la partie occidentale de l'île. En réalité, il y avait deux colonies à Saint-Domingue au milieu du xvii<sup>e</sup> siècle. Ce qui manquait, c'était la reconnaissance expresse, en droit, de ce qui était *la fille du décret de destruction*, et la désignation claire et précise du territoire y relatif. Le traité de Riswick (20 septembre 1697) fit assez obscurément la première, tandis que le traité d'Aranjuez (3 juin 1777) détermina clairement la seconde.


## II


### DU TRAITÉ D'ARANJUEZ A CELUI DE BALE


Le traité d'Aranjuez comprend neuf articles, mais le plus important pour le cas présent est le second, qui contient la description détaillée des limites convenues à Saint-Michel-de-l'Atalaye, le 29 février 1776, le traité définitif ayant été signé le 3 juin 1777. Les Commissaires Garcia et Choiseul parcoururent toute la ligne frontière, de l'embouchure de la rivière *Dajabon* ou *Massacre*, au nord de l'île, à l'embouchure de la rivière des *Pédernales* ou des *Anses-à-Pitre*, au sud ; ils placèrent 221 pyramides ou bornes, quelquefois simples, d'autres fois doubles, et les plus importantes gravées d'un côté du nom de l'Espagne, et de l'autre de celui de la France ; ils levèrent des cartes ou plans topographiques pareils qui furent respectivement envoyés aux cours de Versailles et d'Aranjuez. Rien ne fut omis pour donner de la clarté et de la durée à ce règlement : des peines rigoureuses contre les destructeurs ou modificateurs des pyramides ; l'obligation d'inspecter les lieux ; la faculté en certains cas, de remettre les choses en leur état antérieur..... On remarque qu'il y avait un désir sincère de terminer pour toujours la lutte commencée en 1630, qui jusqu'alors avait produit tant d'inimitié et de malheurs (1).

L'œuvre des flibustiers était complète : elle vivait dans la sphère du droit. Deux entités distinctes existaient en 1777 dans l'île de Saint-Domingue sur des champs d'action délimités et reconnus, avec des aspirations peut-être contraires. Continueraient-elles leur développement parallèlement ? Lutteraient-elles entre elles ? Se confondraient-elles en un seul corps ? D'autres entités les absorberaient-elles ? Qui pourrait le dire avec exactitude ! C'était le secret du Sphinx. Cepen-

(1) Voir Document n<sup>o</sup> 1.

dant, un observateur sagace et vraiment politique aurait pu assurer que l'une et l'autre étaient mortellement blessées. L'une cimentait sa grandeur dans la plus grande des iniquités : l'esclavage ; et les peuples qui ne vivent pas de la vie de la justice sont des peuples qui, pour vigoureux qu'ils paraissent, sont profondément atteints, et d'un moment à l'autre peuvent défaillir et cesser d'être. L'autre dépendait d'un gouvernement sans élasticité, presque pétrifié et incapable par conséquent de suivre, aux heures de convulsion qui allaient arriver, les inspirations des temps, ni choisir la route qui pouvait la mener au port de salut.

La Révolution française de 1789 ébranla le monde civilisé, et, comme c'était naturel et logique, bouleversa profondément la colonie française de Saint-Domingue. Proclamer la liberté, l'égalité et la fraternité entre les hommes, c'était proclamer la destruction de la colonie. Là, il n'y avait de liberté que pour un petit nombre, il n'y avait d'égalité qu'entre un petit nombre, il n'y avait de fraternité qu'à l'égard d'un petit nombre. Comment conserver pour ce petit nombre des privilèges aussi irritants qu'injustes, quand soufflait avec violence le vent de la liberté, quand par la force s'imposaient les majorités, quand s'écroulaient les trônes et les institutions séculaires dont les fondements étaient moins injustes que ceux qui servaient de base à la colonie française d'Haïti ? Le volcan fit éruption. Les passions s'emparèrent des combattants ; la liberté cessa d'être servie par la raison, et le monde assista à des scènes d'horreur qui étaient d'une autre époque et d'un état social des plus imparfaits. La colonie espagnole de Saint-Domingue sentit, comme c'était naturel, les effets de la conflagration de sa voisine ; mais attachée à l'Espagne autant que les plus fidèles, elle résista à la contagion, combattit dans la mesure de ses forces, et peut-être se serait épargné des jours néfastes dans l'avenir si l'impéritie des hommes d'Etat espagnols ne l'avait lancée de nouveau dans le tourbillon qui devait là tout détruire.


## III


## DU TRAITÉ DE BALE AU TRAITÉ DOMINICO-HAÏTIEN DE 1874


Par le traité de Bâle conclu le 27 juillet 1795, l'Espagne céda à la France la Partie espagnole de l'île de Saint-Domingue. Il n'y a pas à faire ressortir le mécontentement immense qu'éprouvèrent les Dominicains à se voir cédés à la France, qu'ils avaient combattue depuis 1630, ni les difficultés qu'il y eut pour que la nation française occupât sa nouvelle possession. La France, en 1795, était maîtresse, de droit parfait, de toute l'île; et les limites de 1777, bien qu'existantes par les pyramides qui en faisaient la démarcation, devinrent illusoires pour un temps.

En 1804, les péripéties de la guerre changeaient l'état des choses. Les esclaves d'Haïti avaient obtenu leur liberté et leur indépendance, et le territoire ci-devant nommé Partie française de Saint-Domingue, en vint à rester *de fait* sous leur domination. La France était en *droit* maîtresse absolue de toute l'île; mais, dans *le fait*, elle occupait seulement ce qui auparavant était la Partie espagnole de la même île. Les limites d'Aranjuez délimitèrent de nouveau deux possessions : une de *fait* et de *droit* : la française (ci-devant espagnole); l'autre de *fait* seulement : l'haïtienne; puisque celle-ci, *en droit*, appartenait à la France par les traités de Riswick et d'Aranjuez.

Nouveau changement du *fait* en 1809. Les Dominicains, appuyés par les Espagnols et les Anglais, s'étaient soulevés en 1808 contre les Français et avaient réussi à les expulser du territoire de l'ancienne Partie espagnole. La France continuait à être maîtresse en *droit* de toute l'île, mais elle n'occupait ni la Partie française que, *de fait*, possédaient les Haïtiens, ni la Partie espagnole que, de *fait* aussi, possédaient les Dominicains, l'ayant mise sous la domination nominale de l'Espagne.

Il paraît qu'en ce temps-là, de 1808 à 1809, quand les Français évacuèrent les bourgades de la frontière pour se concentrer dans la ville de Santo-Domingo, où ils soutinrent un siège de près de huit mois, Christophe, Président de la Partie nord d'Haïti, occupa Saint-Michel et Saint-Raphaël. Quelques-uns font remonter cette occupation à 1805; mais cela ne paraît pas probable. B. Ardouin, historien haïtien de mérite, dit dans ses *Études sur l'Histoire d'Haïti* (tome 6, page 143) : « Après la retraite de l'armée haïtienne (en 1805), le général Ferrand fit successivement réoccuper les bourgades voisines des anciennes limites qui séparèrent jadis la colonie espagnole de celle de la France. Les habitants de ces lieux et ceux des villes incendiées s'occupèrent de la reconstruction de leurs demeures. » On n'a pas pu prouver si après cela les autorités espagnoles revinrent occuper lesdites bourgades de Saint-Michel et de Saint-Raphaël.

Dans l'année 1814, les choses se modifièrent de nouveau. La France cède à l'Espagne, par le traité de Paris conclu le 30 mai de cette année-là, la Partie espagnole de Saint-Domingue que l'Espagne lui avait, à son tour, cédée en 1795 (1). En vertu de cette nouvelle

---

(1) Voir Document nº 2.

convention, l'Espagne et la France retournent, *en droit,* au même état où elles se trouvaient en 1777. La France est maîtresse *en droit* de la Partie française de Saint-Domingue; l'Espagne l'est en fait et en droit de la Partie espagnole. Les limites d'Aranjuez redeviennent en *droit* les limites entre les deux territoires. Dans le *fait,* Haïti ou les divers États qui alors le constituaient, continue à occuper toute la Partie française, outre les bourgades de Saint-Michel et de Saint-Raphaël qui appartenaient à l'Espagne.

En décembre 1821, survient une nouvelle altération du *fait.* Les autorités espagnoles sont expulsées de la Colonie par suite d'un mouvement qui éclata dans la ville de Santo-Domingo, la nuit du 30 novembre 1821, et au jour suivant un gouvernement local indépendant se constitue avec l'intention d'unir fédérativement la Partie espagnole de Saint-Domingue à la République de Colombie. La France et l'Espagne, les maîtresses *en droit,* n'occupaient, en ce temps, rien dans l'île. Ce sont deux États distincts qui, *de fait,* possèdent le territoire. La République d'Haïti, la partie occidentale; l'État indépendant de Santo-Domingo, la partie orientale.

Haïti qui, depuis l'époque de Dessalines, en 1804, avait consigné dans ses Constitutions, sans droit aucun et parce qu'il lui plut de le faire, que la mer était la limite de son territoire, profita de l'acte imprudent de ceux qui avaient entrepris à Santo-Domingo le mouvement antiespagnol; et, en 1822, son Président Boyer, sans avoir reçu la plus légère offense ni avoir non plus déclaré la guerre, envahit le territoire de la Partie ci-devant espagnole, se disant appelé par les habitants de celle-ci, et baptisant du nom *d'appel de la Partie de l'Est* les manifestations tumultueuses que lui-même avait provoquées dans les bourgades dégarnies des environs de la frontière et qu'il avait préparées depuis l'année 1820 au moyen d'agents qui parcouraient clandestinement le territoire espagnol (1). Boyer pensa candidement qu'il pouvait éblouir le monde et la postérité avec les déclamations et phrases creuses par lesquelles il tâcha de justifier son invasion, comme si les faits n'étaient pas le principal objet d'étude pour les historiens et les vrais hommes d'État. Il repoussait avec une feinte modestie le titre de conquérant, et il venait cependant appuyé de deux armées nombreuses occuper un pays qui ne pouvait lui opposer des troupes d'aucune sorte. Il ne venait pas s'imposer par la force et déclarait ouvertement et publiquement à Nuñez de Cacerez, chef de ce pays sans defense, qu'aucun obstacle ne l'arrêterait dans son dessein de *sauver* ses compatriotes de l'Est, lesquels lui étaient attachés autant qu'il les affectionnait lui même (2).

---

(1) Voir Document n° 4.
(2) Voir Document n° 4.

Si cet amour était aussi grand de la part des Dominicains, si on soupirait après l'incorporation à Haïti comme on soupire après le bonheur, pourquoi Boyer ne vint-il pas, confiant en ce seul amour, recevoir les embrassades filiales de ceux qui désiraient tant se soumettre à sa douce et paternelle autorité ? Pourquoi préféra-t-il à ce groupe poétique et beau de cœurs amis l'inutile escorte de tant de milliers de soldats ? Il saurait bien le pourquoi, le général Boyer, comme ne l'ignore personne au monde, et beaucoup moins les Dominicains, de la même manière qu'ils n'ignorent pas non plus quel nom méritent tous ceux qui *sauvent* les peuples à la tête d'armées puissantes. Il est certain que Boyer, se fondant sur ces manifestations turbulentes qu'avec une intention calculée il avait préparées de longue main, envahit le territoire dominicain, appuyé de deux grandes armées, l'une sous le commandement du général Guy-Joseph Bonnet, qui partit de Fort-Liberté le 28 janvier 1822, et l'autre dirigée par le président Boyer lui-même, qui quitta le Port-au-Prince après le 15 du même mois ; les deux corps ayant fait leur jonction sous les murs de la ville de Santo-Domingo, y entrèrent le 9 février, date à laquelle se termina l'invasion de Boyer et se réalisèrent ses rêves ambitieux. Ainsi tomba au pouvoir d'Haïti, au moyen de l'astuce et de la duplicité, aidées de la force et d'un ensemble de circonstances défavorables, la Partie espagnole de Saint-Domingue. Une résistance donnant des résultats satisfaisants n'était pas possible. La population dominicaine n'arrivait pas alors à 70,000 âmes : Haïti devait avoir près de 600,000. Haïti avait des armées nombreuses et aguerries qui combattaient déjà depuis plus de vingt années. Santo-Domingo avait seulement quelques compagnies mal disciplinées, et le mouvement séparatiste les avait déconcertées en grande partie. Le peuple dominicain lui-même manquait d'unité en ses desseins, les uns inclinés vers l'Espagne qui a toujours compté de nombreux amis dans son ancienne colonie, d'autres aux nouvelles idées d'indépendance qu'ils se représentaient comme une aurore de temps meilleurs. Dans un tel état de choses, toute imposition de force était possible ; et l'imposition haïtienne fut menée à fin sans obstacle, bien que les plus sages, eux tous Haïtiens et Dominicains, eussent prévu qu'elle serait infructueuse dans l'avenir, ou plutôt qu'elle serait fructueuse en ruines et désastres de tous genres. Nuñez Caceres, l'auteur du mouvement séparatiste antiespagnol, déclara publiquement, en présence même du président Boyer, et au moment de la remise des clefs de la ville de Santo-Domingo, que la révolution contre l'Espagne n'avait pas été faite pour tourner au profit d'Haïti et que s'il se soumettait c'était à la force, étant persuadé que l'occupation haïtienne produirait, à la longue, des résultats funestes par la dissemblance des deux peuples. L'illustre homme d'État haïtien, le général Guy-

Joseph Bonnet, a la gloire d'avoir compris la vérité des choses et d'avoir prédit leurs résultats probables. Sa lettre au président Boyer, datée du 27 décembre 1821, est un monument de discrétion et de sagacité politique ; il y donnait des conseils prudents qui par malheur ne furent pas écoutés (1). Peut-être le président Boyer lui-même comprit le caractère éminemment périlleux de l'acte qu'il accomplissait ; mais l'y obligèrent, sans doute, son ardent désir d'unifier l'île et son dessein de contrebalancer les races, en rendant difficiles pour quelque temps les guerres de caste, et permettant peut-être l'entrée dans son pays d'idées moins exclusives que celles qui alors régnaient dans la patrie de Dessalines (2).

Elle ne peut pas être prise pour une offense à Haïti, l'assurance que, à cette époque, il n'y avait pas, il ne pouvait pas y avoir un peuple un peu civilisé qui fût disposé à s'unir volontairement et moins encore à se soumettre au peuple haïtien. Celui de Santo-Domingo moins qu'aucun autre ; car l'éloignaient de sa voisine des différences de nationalité, d'idiome, de lois, de coutumes et presque de religion même. Que pouvait espérer le peuple dominicain de son union avec Haïti ? — L'ordre, le progrès, la civilisation ? — D'un côté il avait sous les yeux le doux et paternel gouvernement civil des capitaines généraux espagnols, de l'autre le dur joug militaire des Dessalines et des Christophe, avec le souvenir horrible de la tuerie des colons français, celui des pillages, égorgements et excès de tout genre perpétrés à Cotui, La Vega, Moca, Santiago et autres points du territoire dominicain, et l'impression profonde causée par les terrifiants récits, exagérés peut-être, de ce qui s'était passé à Sans-Souci et autres points des États du roi Christophe. Même les esclaves dominicains savaient bien comment étaient traités par les inspecteurs de culture les paysans haïtiens, appelés citoyens libres. Et encore qu'Haïti fût alors gourvernée par un président qui n'était pas à redouter sous ce rapport, personne n'ignorait que c'était chose très probable qu'un retour à la situation passée mais récente qui avait produit les Dessalines et les Christophe.

Ce fut en ce temps-là (1822) que tombèrent sous la domination d'Haïti, ensemble avec les autres qui constituaient la Partie espagnole, les communes de Hinche et de Lascaobes. Des écrivains haïtiens de renom ont avancé autre chose, ne faisant pas attention qu'ils étaient contredits par leurs propres documents officiels. Pour faire cesser toute incertitude sur ce point, il suffit de lire le Décret du président Boyer (17 décembre 1818) classant les places et communes ; les lois de patentes du 26 février 1819 et du 30 novembre 1821 ;

_______________

(1) Voir Document n° 6.
(2) Voir Documents nᵒˢ 5, 7 et 10.

celle qui établit des bureaux de poste (22 mars 1819) et surtout la loi rendue par la Chambre des Représentants d'Haïti, de l'initiative du Pouvoir Exécutif, divisant le territoire en arrondissements et communes. Cette loi porte la date du 17 octobre 1821, quatre mois avant la subjugation de la Partie espagnole. Tous ces documents d'origine haïtienne, de même que la lettre du président Boyer à Nuñez de Caceres du 11 janvier 1822, prouvent que Hinche et Las Caobas ne faisaient pas partie, en ce temps, de la République d'Haïti (1).

Dans l'année 1825 (17 avril), la France cède à Haïti le territoire qui constituait l'ancienne *Partie française* de Saint-Domingue (2).

La délimitation ou séparation de cette partie s'était effectuée en vertu du traité d'Aranjuez de 1777, de manière que Haïti, qui accepte cette cession et partant reconnaît la France comme son auteur dans la transmission de ce droit, était obligée dans l'avenir à reconnaître cette démarcation de limites comme si elle l'eût effectuée elle-même. Haïti était dorénavant successeur des droits qui avaient été reconnus à la France par ce traité, sur cette portion de territoire appelée *Partie française*, et c'était de cette portion seulement qu'elle était légitimement maîtresse absolue. Le reste du territoire de l'île, Haïti le possédait, mais seulement *de fait*, car il revenait en *droit* à l'Espagne qui ne l'avait cédé à personne jusqu'à cette date-là.

Et, en vérité, Haïti ne s'est pas constituée en nation sur des terres désertes, inhabitées, sans maître, sur lesquelles la seule occupation lui eût donné un droit exclusif. Les lieux où elle naquit à la vie publique étaient occupés depuis l'antiquité, et il lui fallait obtenir de l'un des propriétaires occupants le territoire qu'il ne pouvait légitimement acquérir d'autre façon. La France le lui a concédé. Haïti a donc les droits de la France et en vertu des titres par lesquels la France les tenait; c'est-à-dire en vertu du traité d'Aranjuez et des stipulations antérieures conclues par cette nation avec l'Espagne.

Si Haïti est aujourd'hui maîtresse du territoire qui, auparavant, se nommait Partie française de Saint-Domingue, c'est par cession de la France; et si la France avait ce droit, c'est principalement par le traité d'Aranjuez, parce que celui de Riswick et les précédents ne sont pas clairs sur ce point. Vouloir méconnaître la légitimité et validité des conséquences qui découlent du traité d'Aranjuez, c'est de la part d'Haïti vouloir détruire le fondement de son propre droit, en ce qui regarde le territoire. Peu importe que Haïti n'existât pas

---

(1) Voir Document n° 3.
(2) Voir Document n° 8.

comme nation en 1777, et que partant elle ne pût être partie dans ce traité. La France le fut, elle que Haïti représente, et les droits et devoirs de la France consignés dans ce traité, relativement au territoire de la Partie française, sont aujourd'hui les droits et obligations d'Haïti provenant de la cession territoriale que lui a faite la France et qu'elle a acceptée et reconnue en acceptant ladite cession. Et ici il importe de faire observer avec quelle injustice était gouvernée la Partie espagnole de Saint-Domingue. On l'obligea à contribuer au paiement de l'indemnité accordée à la France (dans la seule année de 1826, on lui imposa 438,601 gourdes), nonobstant qu'elle n'était pas appelée à jouir des bénéfices que pourrait produire le privilège concédé aux Français de l'exemption de la moitié des droits d'importation. Ainsi la Partie espagnole aidait à payer les plantations de café et autres propriétés françaises dont avaient bénéficié et continuaient à bénéficier les Haïtiens. Injustice notoire et qui, en conscience, constitue Haïti débitrice des sommes exigées à ce titre.

Quelle était en 1825 la situation juridique de la France et de l'Espagne dans l'île de Saint-Domingue?

La France n'avait plus rien ni en fait ni en droit. Haïti possédait *de fait* la *Partie espagnole,* et de *fait* et de *droit* la *Partie française.* L'Espagne avait *parfaitement droit* à la *Partie espagnole,* car, jusqu'à cette date-là, elle n'avait cédé à aucune puissance *le droit* qu'elle avait perdu par la cession de Bâle, mais qu'elle avait recouvré par le traité de Paris de 1814.

En 1830, l'Espagne envoya à Haïti un commissaire spécial, Señor D. Felipe Fernandez de Castro, réclamer le retour de la Partie espagnole indûment occupée par Haïti. Comme c'était à espérer, la réclamation n'eut pas de résultat pratique; mais par ce fait, il reste établi que l'Espagne ne faisait pas de renonciation ni le moindre abandon de ses droits sur le territoire qu'elle avait décou- vert, peuplé et gouverné légitimement durant tant d'années, et que des actes violents non acceptés par elle avaient fait échapper à son pouvoir et autorité (1).

Le 27 février 1844, les Dominicains s'insurgent et réussissent à chasser les Haïtiens de la majeure partie du territoire de l'ancienne colonie espagnole. Ils proclament tout de suite les limites de celle-ci comme les limites du nouvel État, mais ne réussissent pas à déloger Haïti des bourgades de Saint-Raphaël, Saint-Michel, Hinche et Lascaobes, très éloignées de leurs autres quartiers, et déjà habitées en grande partie par les Haïtiens qui avaient passé les anciennes limites. Santo-Domingo a alors comme 125,000 habitants : Haïti

_______________

(1) Voir Document nº 9.

dépasse 800,000 habitants. Pendant douze ans on lutte presque constamment : Haïti envahissant, Santo-Domingo résistant, jusqu'à ce que les désastres de 1856 aient fait comprendre à la fin au peuple haïtien que Santo-Domingo est inébranlable dans sa résolution d'être indépendant. La lutte cesse en cette année-là, pour ne plus se renouveler, et les deux peuples se maintiennent sur les points qu'ils avaient occupés durant la guerre.

La révolution dominicaine a changé une autre fois la situation des possesseurs de l'île de Saint-Domingue. L'Espagne continue à être, *en droit*, maîtresse de la Partie espagnole : Haïti de la Partie française; mais en *fait* la République Dominicaine occupe la majeure partie de l'ancienne Partie espagnole et Haïti le reste, soit les communes de Saint-Michel, Saint-Raphël, Lascaobes, Hinche et une partie de la juridiction de Banica.

Le 18 février 1855, l'Espagne reconnaît la République Dominicaine comme nation libre, indépendante et souveraine et lui cède en propriété absolue tout le territoire qui, auparavant, constituait l'ancienne Partie espagnole de Saint-Domingue, exprimant en même temps le désir que ces territoires se conservent à perpétuité sous la puissance de la race qui les peuple (1). Cette reconnaissance change de nouveau la face juridique des choses.

L'Espagne et la France ne possèdent plus rien dans l'île. Haïti continue à être maîtresse, *en fait et en droit,* de l'ancienne Partie française. La République Dominicaine l'est, *en droit,* de toute la Partie ci-devant espagnole; mais une portion de cette dernière continue, *de fait,* à être occupée par Haïti, quoique sans titre aucun, si ce n'est celui de simple occupation par la force des armes.

Le 18 mars 1861, survient un événement extraordinaire Le Gouvernement de la République Dominicaine, usant d'un procédé artificieux, annexe le territoire de cette Nation à l'Espagne, et la République Dominicaine cesse, en apparence, d'exister. Haïti continue dans le même état où elle était en 1855; mais alors l'Espagne occupe seulement de *fait* le territoire dominicain. Le *droit* repose sur la tête de la majorité du peuple de Santo-Domingo, qui n'a accepté l'annexion que comme un fait violent et illégal, et qui se prépare à la répudier soit par des protestations que sanctifieront les échafauds, soit par des insurrections qui seront bénies de Celui qui donne le courage et la virilité aux nobles martyrs du droit.

En juillet 1865, les choses se retrouvent au même état où elles étaient en 1855. L'Espagne a évacué le territoire dominicain, convaincue de tout ce qu'il y avait de fallacieux dans l'acte accompli

_______

(1) Voir Document n° 12.

en mars 1861; mais avant de le faire et alors qu'elle croyait avoir un droit parfait au Gouvernement des Dominicains, elle adressa, le 18 mars 1862, une réclamation au Gouvernement Haïtien, lui demandant de retirer ses troupes des points de l'ancien territoire espagnol qu'elle occupait alors, et de reconnaître comme ligne séparative entre la province espagnole de Santo-Domingo et la République d'Haïti, celle désignée dans le traité d'Aranjuez de 1777 (1). Cette réclamation n'eut aucun résultat à cause des événements qui peu après survinrent et qui, présentant les faits sous leur vrai jour, décidèrent l'Espagne à abandonner le territoire de la République Dominicaine.

Durant la guerre de la Restauration (on appelle ainsi celle qui a été faite contre l'Espagne de 1863 à 1865), les Haïtiens et les Dominicains, surtout ceux de ces derniers qui prirent part à la lutte, non seulement cessèrent d'être ennemis acharnés, mais devinrent amis politiques et alliés. Haïti aidait les Dominicains en tout ce qu'elle pouvait. Santo-Domingo versait son sang et épuisait ses ressources pour revendiquer son droit; mais il n'ignorait pas que si le succès couronnait ses efforts, il préserverait aussi Haïti des torts que, dans l'avenir, pourrait lui causer le voisinage d'un peuple vaillant et puissant.

Il résulta de cette harmonie entre les deux pays la convention, conclue à Santo-Domingo le 26 juillet 1867, entre les Commissaires du général Cabral, Président de la République Dominicaine, et ceux du général Salnave, Président de la République d'Haïti, établissant les bases préliminaires d'un traité de paix, amitié, commerce et navigation; convention qui fut approuvée par le Congrès national dominicain le 3 septembre de la même année 1867, ne l'ayant pas été par le Pouvoir Législatif d'Haïti, à cause des troubles qui survinrent alors en ce pays (2). A Santo-Domingo il y en eut également, mais la *Junta Central Gubernativa* de Santiago de los Caballeros, qui dirigeait le mouvement contre le général Cabral, reconnut comme valide la convention avec Haïti.

L'article 7 de cette convention dit : « Un traité spécial fixera « ultérieurement la démarcation des limites des deux États. En « attendant ils se maintiendront dans leurs possessions actuelles ». C'est-à-dire qu'on fit ce que plus tard on effectua en 1874 : une offre de régler les lignes frontières; l'unique différence était qu'en 1874 on convint des bases du règlement, et dans l'année 1867, non.

En 1868, le pouvoir à Santo-Domingo fut occupé par un parti personnel qui avait contre lui un autre parti nombreux. La lutte

_______________

(1) Voir Document n° 13.
(2) Voir Document n° 15.

ne tarda pas à s'engager et se poursuivit avec un acharnement terrible, à cause de l'intention manifeste du parti dominant d'annexer le pays aux Etats-Unis du Nord. Haïti, qui crut son indépendance menacée, favorisa le parti plus faible, quoique sans déclarer la guerre au Gouvernement de Santo-Domingo, et les quartiers dominicains touchant immédiatement à la frontière furent le théâtre d'une lutte formidable.

Cet état de choses si préjudiciable à la République Dominicaine dura six années, et pendant ce temps les Haïtiens, alliés du parti antiannexionniste, occupèrent peu à peu les points que celui-ci enlevait sur le territoire dominicain.

Une scission dans le parti dominant à Santo-Domingo en produisit la chute et la guerre cessa; mais Haïti continua à rester maîtresse de la portion du territoire dominicain sur la frontière, portion en grande partie dépeuplée, qu'au cours de la lutte la faction qui y dominait avait laissé occuper par elle. Le Gouvernement Dominicain, plus attentif à la politique intérieure qu'à ce qui se passait aux frontières, ne tenta aucune démarche pour faire sortir les Haïtiens des points que, comme amis et alliés d'un parti dominicain, ils avaient occupés durant la guerre de six ans (1). Plusieurs kilomètres de territoire, toujours dominicain, tombèrent ainsi sous la puissance d'Haïti, la plus grande partie dans la commune de Las Matas de Farfan.

En l'année 1874, on arriva enfin à conclure le traité de paix, amitié et commerce entre la République Dominicaine et la République Haïtienne, en obtenant l'approbation de la Chambre Législative d'Haïti et d'une Convention nationale, qui alors travaillait dans Santo-Domingo à la formation d'une Constitution politique. Etait en ce temps-là Président d'Haïti le général Michel Domingue, et Président et Chef suprême de la République Dominicaine le général Ignacio Maria Gonzalez. Le traité reçut la ratification voulue.

Quelle était, lors de la conclusion de traité du 1874, la situation juridique des deux Etats qui se partagent le domaine de l'île de Saint-Domingue? Elle était la même *en droit* qu'en 1855 et 1865, c'est-à-dire que la République Dominicaine était maîtresse, de *droit parfait*, du territoire ci-devant nommé *Partie espagnole de Saint-Domingue*, et Haïti l'était de ce qui auparavant se nommait *Partie française* de l'île, mais *dans le fait* ce n'était pas identiquement la même chose.

En outre du territoire qu'alors (1865) occupait *de fait* Haïti, et qui comprenait les communes de Saint-Michel, Saint-Raphaël, Hinche et Lascaobes, elle régnait aussi *de fait* sur une partie de la juridiction de « Las Matas de Farfan », occupée indûment dans les six

---

(1) Voir Documents nᵒˢ 19, 33, 34, 35 et 37.

années de guerre civile dominicaine, et pendant qu'elle était l'alliée d'un des partis contendants; et également sur une portion de la juridiction des communes de Banica et Dajabon, qui était une espèce de champ désert, sans maître, dans lequel régnait, durant la guerre de la séparation, l'autorité de la force qui le dominait dans le moment.

Haïti avait-elle le droit de prétendre à plus de territoire que ce qui constituait l'ancienne Partie française? — Non. — La reconnaissance de l'année 1825, faite par la France, n'avait pas été convenue sur la base de l'*uti possidetis*, mais la France y avait manifesté clairement et formellement sa pensée, et Haïti, en l'acceptant, en avait également convenu, c'est-à-dire que la France cédait seulement aux habitants d'Haïti la Partie française de l'île de Saint-Domingue, n'en pouvant être non plus autrement, car, selon un principe incontestable de droit, *nemo plus juris ad alium transferre potest, quam ipse habet*, et la Partie française de l'île de Saint-Domingue était celle qui a été déterminée par le traité d'Aranjuez de 1777. N'entrait pas ni ne pouvait entrer dans la cession la plus petite partie du territoire de la colonie espagnole, parce qu'elle n'était plus à la France, pour avoir été par elle rétrocédée à l'Espagne, par l'intermédiaire de l'Angleterre, au traité de Paris de 1814. Si la reconnaissance de 1825, faite par la France à Haïti, avait été réglée sur la base de l'*uti possidetis*, Haïti aurait eu droit aux bourgs de Saint-Michel et de Saint-Raphaël, au cas où elle les aurait arrachés à la France en 1809, comme l'assurent ses publicistes; mais la convention n'ayant pas été réglée sur cette base, l'ayant été au contraire avec la démarcation précise et déterminée du territoire qu'on cédait, — et qui était la Partie française de Saint-Domingue, — ce qui excluait tout autre, conquis ou non, — aucun droit n'avait Haïti à conserver les bourgs de Saint-Michel et de Saint-Raphaël, car ces bourgs n'entraient pas dans la cession qu'elle avait agréée, et il était de son devoir, en exécution de la reconnaissance de 1825, de rendre ces bourgs à la France, si celle-ci ne les avait pas cédés à une autre Puissance, comme elle le fit en effet à l'Espagne en 1814. Haïti, donc, n'avait aucun droit sur ces bourgs, même alors qu'elle les aurait conquis sur les Français. Elle annula virtuellement cette prétention par l'acceptation de la reconnaissance de 1825, dans laquelle ne sont pas reconnus des droits de conquête à l'égard de la France. Et des droits de conquête à l'égard de l'Espagne, Haïti ne peut en alléguer, puisque de 1814 à nos jours, jamais elle n'a été en guerre avec l'Espagne, ni celle-ci ne lui a cédé par aucun traité le droit qu'elle a eu jusqu'en 1855 sur les bourgs indiqués.

Dans un cas identique se trouvent les communes de Hinche et de Lascaobes, et tous les autres territoires qu'Haïti possède, appartenant à l'ancienne Partie espagnole. Haïti ne les a arrachés en bonne guerre ni à

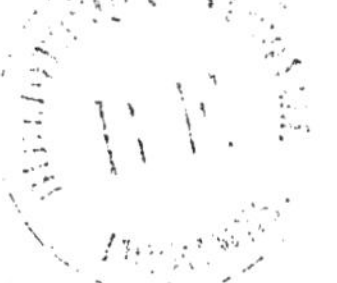

2

l'Espagne, leur légitime maîtresse jusqu'en 1855, ni à Santo-Domingo, qui les possédait *de fait* au commencement de 1822. Haïti les occupa militairement à cette dernière date par convenance politique, et les occupa sans déclaration de guerre préalable, sans le plus léger motif pour faire cette déclaration de guerre, foulant aux pieds tout droit et toute justice, comme le démontrent victorieusement tous les faits qui se sont produits dès que cessa ou put être contrecarrée la force qui s'était là imposée. Et que la convenance politique ne soit pas un motif fondé pour occuper militairement et retenir des territoires appartenant à un autre État, il n'y a pas à s'efforcer de le démontrer. S'il en était ainsi, quels droits assurés y aurait-il dans le monde? Tout serait à la merci des puissants, et la règle des actions, au lieu d'être la justice, serait l'ambition, la force ou l'astuce des gouvernants. Et en admettant même comme vrai qu'Haïti eût opéré une telle conquête, on sait bien que la seule occupation militaire ne donne pas naissance au droit et qu'il faut que, dans un traité postérieur, le souverain du territoire en fasse cession expresse avec les formalités nécessaires pour qu'un tel acte soit valide en droit. Et l'Espagne n'a jamais cédé à Haïti les quatre bourgades mentionnées, ni la plus légère portion de ce qui était auparavant Partie espagnole de Saint-Domingue.

Fonder le droit d'Haïti à la propriété des lieux indiqués, dans l'appel supposé des populations espagnoles au général Boyer, c'est le fonder sur la force, en la déguisant sous un attirail mensonger de manifestations populaires *(disfrazandola con mentidos arreos populares)*. Les habitants de la Partie espagnole n'ont pas appelé Boyer et alors même qu'ils l'eussent appelé, il n'avait pas ce droit d'envahir et d'accaparer le territoire d'une nation qui jusqu'alors avait vécu avec Haïti en des relations de bonne amitié. Si les armes de la République haïtienne n'avaient pas couvert d'un bouclier protecteur les quelques mauvais Dominicains qui acceptèrent les offres des agents du Gouvernement d'Haïti, leur trahison et leur infamie auraient été châtiées comme elles le méritaient par la grande majorité des habitants de la Partie espagnole, qui désiraient ou l'indépendance absolue, ou l'union à l'Espagne ou à la Colombie, mais jamais à Haïti, qu'ils craignaient avec beaucoup trop de raison. S'il était permis aux Gouvernements d'envahir et accaparer le territoire des autres États sous prétexte d'avoir été appelés par un nombre plus ou moins considérable des habitants de ces États, le monde retournerait à la barbarie, et la guerre serait l'état permanent de la société; car, chez tous les peuples, jamais il ne manquerait un groupe de citoyens corrompus et traîtres pour faciliter, par un semblable prétexte, les desseins des gouvernements ambitieux, en dépit du malheur et de la ruine de leurs concitoyens, que causerait une telle infamie.

Si pour reconnaître la belligérance d'une partie de la nation qu lutte avec raison contre l'autre en possession d'un Gouvernement légitime, le Droit des gens requiert certaines conditions qu'il faut observer, afin de ne pas offenser la souveraineté et indépendance des membres qui constituent la société des nations, combien et plus délicates ne seront pas celles qu'il y aurait à observer pour que l'occupation du territoire d'un État soit permise, en vertu de l'appel des citoyens de cet État, en supposant même que ce soit l'œuvre d'une grande majorité. Dans le cas dont il s'agit, des conditions d'aucune sorte n'ont été remplies, ou pour mieux dire, on a employé un procédé qui indique qu'aucune condition légale ne pouvait être remplie : l'emploi rapide de la force pour étouffer au berceau toute protestation et toute résistance de la part des Dominicains. Ce procédé démontre que seulement dans la force on avait confiance, et qu'elles étaient mensongères les soi-disant manifestations de la Partie espagnole pour s'unir à Haïti, ou pour le moins seulement filles du désir d'un nombre insignifiant de mauvais citoyens.

Si ce n'est pas de la cession ou de l'occupation, le droit d'Haïti dérive-t-il de la prescription? Il y a véritablement prescription dans les affaires des particuliers; mais il ne peut pas y en avoir entre États, si ce n'est en des cas très exceptionnels, qui rarement se produisent. Une des conditions juridiques essentielles pour la prescription est la possession *pacifique;* comment peut-il y avoir de *possession pacifique* dans celle qu'une nation exerce sur une partie du territoire d'une autre nation, quand c'est *par la force* que tout État occupe, et c'est *par la force* qu'il soutient son occupation? Pas même une occupation bi-séculaire ne suffirait dans ce cas; parce que le droit serait toujours comprimé, mais non détruit; et le droit ne peut jamais périr ni se transmettre, si ce n'est par la volonté de celui qui le possède. En réalité, l'occupation ne peut produire de droit si ce n'est quand le possesseur de ce droit s'est éteint sans l'avoir transmis à un autre, ou quand des faits clairs et évidents, accomplis dans un long espace de temps, démontrent sans le moindre genre de doute, que le possesseur du droit l'a abandonné pour toujours et sans réserves d'aucune espèce.

L'Espagne a-t-elle fait abandon complet des quartiers de Saint-Michel, Saint-Raphaël, Hinche et Lascaobes, de manière qu'ils peuvent être considérés *res nullius,* c'est-à-dire choses sans maître, qui peuvent donner droit à celui qui les occupe avec l'intention de les rendre siennes pour toujours? Les faits démontrent le contraire. En 1830, l'Espagne envoie expressément un Commissaire à Port-au-Prince réclamer d'Haïti le retour de la Partie espagnole de Santo-Domingo, dans laquelle étaient compris les quatre quartiers indiqués. En 1855, elle transmet solennellement à la République Dominicaine tous les droits qu'elle avait sur ladite Partie, preuve indubitable qu'elle les croyait valables, ces droits, et qu'elle ne les avait pas du tout abandonnés. Le 18 mars 1862, elle donne l'ordre au Consul général espagnol à Port-au-Prince de demander à Haïti le retrait de ses troupes de la portion de territoire qu'Haïti occupe dans l'ancienne Partie espagnole de Saint-Domingue, telle qu'elle est délimitée dans le traité d'Aranjuez, cette portion appartenant en droit à la nouvelle province de Santo-Domingo (1). De manière que, en quarante années, c'est-à-dire de 1822 à 1862, ou en cinquante-trois ans, de 1809 à 1862, si l'on veut remonter jusqu'à 1809, il y a trois actes de l'Espagne, deux directs et un indirect, qui prouvent sans nul doute qu'elle n'avait pas fait abandon du territoire en question, ni de ses droits de souveraine sur le même territoire; et par conséquent Haïti savait qu'elle occupait sans droit la chose d'autrui, réclamée par son maître légitime et transportée plus tard à un autre en vertu de droits incontestables.

Autant de la part de l'Espagne relativement à Santo-Domingo que plus tard de la part de la République Dominicaine, pendant longtemps occupant de fait du territoire de la Partie espagnole de l'île, et de 1855 à nos jours sa maîtresse légitime, les protestations ont été nombreuses et constantes. Nuñez Caceres protesta en 1822 en se voyant obligé par la force de laisser au pouvoir d'Haïti l'ancienne Partie espagnole; l'Église dominicaine protesta en deux occasions solennelles, célébrant les synodes de mai 1851 et 1878, car dans les deux elle consigna que les paroisses de Saint-Michel, Saint-Raphaël, Hinche et Lascaobes appartiennent à l'archidiocèse de Santo-Domingo; le Gouvernement Dominicain (la *Junta Central Guberna-tiva*) protesta le 19 avril 1844, déclarant « qu'il n'y aurait pas de transaction possible entre les deux peuples, tout autant que l'ennemi (les Haïtiens) occuperait le territoire dominicain, *tracé sur ses anciennes limites* (2); l'Assemblée Constituante de 1844 protesta en nommant des Députés pour prendre part aux travaux de formation d'un Pacte fondamental, donnant une représentation légale dans son sein aux bourgs de Saint-Michel, Saint-Raphaël, Hinche et Lascaobes; exemple qu'ont toujours suivi toutes les Assemblées constituantes ou Conventions qui ont été constituées par des députés nommés par communes et non par provinces; le Gouvernement Dominicain protesta de nouveau en essayant de récupérer par la force des armes les bourgs ci-dessus nommés, y ayant réussi, quoique pour un temps court, à l'égard de Hinche et Lascaobes, où flotta le drapeau dominicain en 1845; le Gouvernement Dominicain, présidé par le Général Baëz, protesta également en 1858, en ordonnant la confection d'une

---

(1) Voir Document n⁰ 13.
(2) Voir Document n⁰ 11.

carte officielle de la République, car y furent consignées comme limites entre Haïti et Santo-Domingo celles d'Aranjuez entre l'ancienne Partie espagnole et la Partie française de l'île ; et finalement la nation dominicaine, comme pour faire la protestation la plus solennelle qu'il pût y avoir, a toujours consigné de 1844 à nos jours, dans le document de la plus grande valeur qu'ait un peuple, dans sa Constitution politique, que le territoire de la République est tout ce qui, auparavant, se nommait Partie espagnole de Santo-Domingo et ses îles adjacentes, et que ses limites, du côté d'Haïti, sont les mêmes, stipulées entre la France et l'Espagne au traité d'Aranjuez le 3 juin 1777 » (1).

Alors, sur quel titre Haïti établit-elle son droit d'occuper les quatre bourgs mentionnés? — Sur aucun titre légitime. — Elle les occupa par la force, les a retenus par la force, et comme si ces territoires eussent, à sa vue, surgi du sein de la mer et n'eussent pas été auparavant découverts, répartis, peuplés, gouvernés, dès le quinzième siècle, par une société d'hommes ayant une personnalité juridique reconnue et acceptée depuis des siècles reculés. Cela étant ainsi, ne signifie en rien la durée plus ou moins longue de l'occupation, parce que l'occupation au moyen de la force ne produit jamais de droit; et ne signifie rien non plus l'*animo domini* avec lequel on a possédé, parce que ce dernier tous les détenteurs du bien d'autrui l'ont assurément et n'améliorent pas pour cela leur condition de possesseurs, s'il leur manque les bases essentielles sur lesquelles doit se consolider la possession, pour qu'elle puisse donner origine au droit.

Qu'on examine les choses comme on voudra, on doit trouver que si c'est la justice, la loi des êtres supérieurs, qui est le principe qui vivifie et anime les sociétés et les Etats et doit régner sur eux, les bourgs de Saint-Michel, Saint-Raphaël, Hinche et Lascaobes appartiennent à la République Dominicaine. Si au contraire c'est la force, la loi des êtres irraisonnables qui est ce principe, alors, oui, ces bourgs appartiennent à la République d'Haïti. Mais, malheur aux peuples faibles qui, tels que Haïti et Santo-Domingo, se sont élevés à la vie publique en luttant corps à corps comme des titans contre les coups de la tyrannie! malheur a eux, le jour néfaste où, pour des convenances passagères, ils auront contribué à introniser la force, en lui donnant pour piédestal les débris du bouclier des faibles : le droit! Ce jour, ils se seront suicidés moralement et resteront des corps sans âme, jusqu'au moment où il plaira à n'importe lequel des représentants déifiés de la force de les charger des chaînes qu'ils auront méritées par leur inconséquence et leur dégradation.

---

(1) Voir Document n° 11.

## MAITRES DE L'ILE DE SAINT-DOMINGUE DE 1777 A 1874

| | En droit : | En fait seulement : |
|---|---|---|
| En 1777 | *L'Espagne*, de la Partie espagnole.<br>*La France*, de la Partie française, délimitée par le traité d'Aranjuez. | |
| En 1795 | *La France*, de toute l'île, en vertu du traité de Bâle. | |
| En 1804 | *La France*, de toute l'île. En réalité, elle occupait seulement la Partie ci-devant espagnole. | *Haïti*, de la Partie française, pour en avoir expulsé les Français et s'être constituée en État indépendant et souverain. |
| En 1809 | *La France*, de toute l'île. En réalité, elle ne possède rien. | *Haïti*, de la Partie française et des communes de Saint-Michel et Saint-Raphaël, appartenant à la Partie espagnole, Christophe, Président du Nord d'Haïti, les ayant fait occuper.<br>*Santo-Domingo*, de la Partie ci-devant espagnole (moins les communes ci-dessus mentionnées), s'étant soulevé contre les Français en proclamant de nouveau l'autorité de l'Espagne. |
| En 1814<br>(Mars 30) | *La France*, de la Partie française ; mais sans possession réelle.<br>*L'Espagne*, de la Partie espagnole, par cession que lui en fit la France par le traité de Paris du 30 mars 1814. | *Haïti*, de la Partie française et des communes de Saint-Michel et Saint-Raphaël appartenant à la Partie espagnole. |
| En 1821<br>(Décemb. 1er) | *La France*, de la Partie française.<br>*L'Espagne*, de la Partie espagnole ; mais sans possession aucune des deux. | *Haïti*, de ce qui est dit ci-dessus.<br>« *L'État indépendant d'Haïti espagnole* », de la Partie espagnole (moins lesdites communes), s'étant soulevé contre l'Espagne pour s'unir à la République de Colombie, comme un de ses États. |
| En 1822<br>(Février) | *La France*, de la Partie française.<br>*L'Espagne*, de la Partie espagnole ; mais sans possession réelle d'aucune des deux. | *Haïti*, de la Partie française et aussi de la Partie espagnole, pour s'en être emparée en février 1822. |

| | **En droit :** | **En fait seulement :** |
|---|---|---|
| En 1825 | *Haïti*, de la Partie française, en vertu de la reconnaissance de Charles X, faite le 17 avril 1825. *L'Espagne*, de la partie espagnole; mais sans possession réelle. | *Haïti*, de la Partie espagnole. |
| En 1844 (Février 27) | *Haïti*, de la Partie ci-devant française. *L'Espagne*, de la Partie espagnole; mais sans possession réelle. | *Haïti*, des communes de Saint-Michel, Saint-Raphaël, Hinche et Lascaobes, appartenant à la Partie espagnole. *La République Dominicaine*, de la Partie espagnole (moins les communes ci-dessus mentionnées), les Dominicains s'étant insurgés contre les Haïtiens le 27 février 1844 et les ayant expulsés de presque tout le territoire de la Partie espagnole. |
| En 1855 (Février 18) | *La République Dominicaine*, de toute la Partie espagnole, en vertu de la cession faite par l'Espagne au traité du 18 février 1855. | *Haïti*, des communes susdites appartenant à l'ancienne Partie espagnole. |
| En 1861 (Mars 18) | *La République Dominicaine*, de l'ancienne Partie espagnole. *Haïti*, de la Partie française. | *Haïti*, des communes susdites. *L'Espagne*, du territoire de la République Dominicaine, en conséquence de l'annexion du 18 mars 1861. |
| En 1865 (Juillet) | *La République Dominicaine*, de l'ancienne Partie espagnole. *Haïti*, de la Partie française. | *Haïti*, des communes susdites, |
| En 1874 | *La République Dominicaine*, de l'ancienne Partie espagnole. *Haïti*, de la Partie française. On conclut, cette année-là, un traité de paix qui établit la possibilité d'un nouvel arrangement des frontières, si le réclament ainsi l'équité et les intérêts réciproques des deux peuples. | *Haïti*, des communes de Saint-Michel, Saint-Raphaël, Hinche et Lascaobes, occupés depuis longtemps, et, en outre, d'une partie de la juridiction de Las Matas de Farfan, Banica et Dajabon, qu'elle a occupée indûment et comme alliée d'un parti dominicain, durant les guerres civiles dominicaines de 1868 à 1873. |

Si l'Espagne possédait *de droit* le territoire de la République Dominicaine à partir de l'année 1861, comme le soutiennent quelques publicistes, alors l'article 4 du Traité dominico-haïtien de 1874 est nul de plein droit, la République Dominicaine n'ayant pas été maîtresse du territoire de l'ancienne Partie espagnole jusqu'au

19 novembre 1875, date à laquelle s'est effectué l'échange des ratifications du Traité de paix conclu en dernier lieu entre l'Espagne et
Santo-Domingo.


# IV


## LE TRAITÉ DOMINICO-HAÏTIEN DE 1874


Comme on l'a dit précédemment, a été enfin conclu, le 9 novembre 1874, un Traité de paix, amitié, commerce, navigation et extra-
dition entre la République Dominicaine et la République d'Haïti. Ce
Traité a été ratifié par la Convention nationale de Santo-Domingo le
15 décembre de la même année et par l'Assemblée nationale législative d'Haïti, le 20 février 1875. Les ratifications ont été échangées à
Port-au-Prince le 8 février de ladite année 1875.

Il est à observer que lorsque fut consenti le Traité du 9 novembre 1874, il y avait déjà longtemps que Santo-Domingo et Haïti
avaient cessé de se faire la guerre; mais plus : ils étaient amis politiques et même avaient figuré comme alliés pendant un assez long
espace de temps (1). De 1844 à 1856 les deux pays luttèrent presque
sans interruption : de 1856 à 1861 ils se maintinrent l'un en face de
l'autre comme des étrangers prévenus *(como estraños recelosos)* : mais
à partir de 1861, quand l'annexion espagnole alarma les Haïtiens, ils
s'unirent secrètement avec les Dominicains qui combattaient l'Espagne, et il vint un jour où les revers et les triomphes dominicains
furent les revers et les triomphes d'Haïti.

De 1868 à 1874, l'union fut plus intime entre les deux États,
ou, pour mieux dire : entre l'haïtien et partie du dominicain. Vint un
moment où le sang des Haïtiens et des Dominicains fut versé pour la
même cause dans les combats qui se renouvelaient sur les frontières; — et telles étaient l'union et la concorde qui régnaient entre
eux, que les Dominicains ne craignirent pas de laisser sous la garde
et bonne foi de leurs alliés les possessions dominicaines qu'ils
arrachaient au parti qui gouvernait alors à Santo-Domingo (2). La
chute de celui-ci fut peut-être plus célébrée en Haïti qu'à Santo-
Domingo, parce qu'en Haïti les opinions étaient presque unanimes,
tandis qu'à Santo-Domingo une bonne partie de la population voyait

---

(1) Voir Document n° 14.
(2) Voir Document n° 34.

de mauvais œil l'avènement au pouvoir du parti qui s'était levé le 25 novembre 1873.

Ce qui veut dire que, lors de la conclusion du traité de 1874, Santo-Domingo n'était pas à l'égard d'Haïti dans la triste situation de Rome à l'égard de Brennus. Il n'avait pas été vaincu, il n'avait pas à la gorge la pointe d'une épée qui l'obligeât à souscrire les conditions que voulait bien lui imposer son vainqueur. Il y avait treize ans que Santo-Domingo et Haïti étaient en paix; et c'était *pour resserrer les liens d'amitié,* comme dit le préambule du traité de 1874, et pour déterminer la manière de régler certaines questions pendantes entre les deux pays, qu'ils avaient arrêté les diverses stipulations qui constituent ledit traité de novembre 1874.

Haïti était alors gouvernée par le général Michel Domingue, son président, et pour Santo-Domingo, c'était un Gouvernement avec lequel on pouvait traiter. Dans la République Dominicaine gouvernait le général Ignacio Maria Gonzalez, et c'était aussi pour Haïti un Gouvernement avec lequel on pouvait traiter. Il n'y avait pas de factions en armes qui discutassent les droits d'aucun de ces deux mandataires.

Mais entre les deux gouvernants existait une différence notable : l'un, celui d'Haïti, était constitué d'une manière régulière; l'autre, celui de Santo-Domingo, l'était alors d'une manière irrégulière. Il était Président, et ainsi s'intitulait, mais à cette charge constitutionnelle, on avait ajouté celle de Chef suprême de la nation, avec des facultés extraordinaires. En même temps, s'était produit un autre fait important : on avait *méconnu les effets* de la Constitution de 1874, trop débonnaire, et on avait décidé la formation d'une Constitution moins libérale, et, d'après ce que l'on disait, plus appropriée au caractère et aux mœurs du peuple dominicain (1).

Celui-là se tromperait grandement qui supposerait que lorsqu'on a méconnu les effets d'une Constitution et qu'on l'a annulée, il n'existe pas réellement de Constitution. Il n'y en a pas d'écrite; mais certes existe la vraie Constitution; celle qui comprend les principes fondamentaux acceptés par les créateurs de la Patrie, en vertu desquels la nation s'est organisée pour la première fois, et qui sont des droits acquis par tous les citoyens, et résolubles seulement en vertu d'un acte formel et délibéré de la grande majorité de la nation. S'il n'en était pas ainsi, la destruction d'une Constitution et la mort de l'État seraient la même chose. Mais il n'en est pas ainsi. Avec ou sans Constitution écrite, la nation a la même indépendance, la même autonomie, la même souveraineté, le même territoire, les mêmes droits et obligations que comme entité sociale elle a eus ou

_______________

(1) Voir Document n° 16.

s'est imposés en se constituant en nation, ou plus tard qu'elle a acceptés ou acquis. Croire, par exemple, que dans la République Dominicaine, lorsqu'il n'existe pas de Constitution écrite, ceux qui sont chargés de la formuler peuvent, si cela leur plaît, y établir l'esclavage, changer la forme du gouvernement de républicaine en monarchique, mutiler la nation matériellement ou moralement, en diminuant son territoire ou sa manière d'être comme État souverain, en la constituant protégée ou vassale, etc., etc., c'est croire une erreur capitale. Ce que peuvent de semblables députés c'est de modifier, d'accord avec l'opinion dominante dans le pays, la partie politique, non essentielle, de la Loi fondamentale, en tout ce qui ne blesse pas les vrais principes constitutifs de la nation, ni les droits naturels des citoyens. Pour toute autre chose ils ont besoin, comme tout autre mandataire ou délégué exceptionnel, d'un pouvoir spécial, clair, précis et déterminé.

Pareille chose peut être dite des Gouvernements spéciaux ou extraordinaires que les partis militants ont désignés sous les titres de Dictateurs, Chefs suprêmes, etc., etc. Il est inexact que de telles autorités jouissent d'un pouvoir vraiment absolu. D'ordinaire ils sont appelés à remplir un objet spécial, et c'est pour cela qu'on leur concède des facultés extraordinaires. Le reste ne tombe pas sous leur puissance. Qui est-ce qui admet que de semblables Chefs aient autorité pour établir, de leur seule volonté, l'esclavage en leur pays, changer la forme du Gouvernement, soumettre la nation à un vasselage ou l'annexer à un autre pays, céder ou vendre une partie du territoire national?... Non, De semblables chefs, quelque élevé que soit le titre sous lequel ils sont désignés, ont seulement les facultés, ordinairement politiques et militaires, qu'on leur accorde dans l'acte de leur nomination, et ces facultés, strictement restreintes dans leur lettre et leur esprit, comme tout ce qui sort de la règle commune.

Au cas dont il s'agit, le Président de la République Dominicaine, en outre de cette qualité, qui ne lui fut pas retirée, reçut la concession de facultés extraordinaires pour prendre des mesures de salut public, et la charge de convoquer le peuple pour élire des Députés qui formulassent une Constitution moins libérale que celle votée dans la même année 1874. Comme le péril public avait été causé par des mouvements révolutionnaires contre le même Président, c'était contre ces mouvements, de caractère purement politique, que furent concédés les pouvoirs extraordinaires. Pour le reste, le pays n'avait été nullement en péril, partant l'on n'avait pas besoin de l'emploi de facultés extraordinaires d'aucune sorte.

Le même jour où le Président de la République communiqua au pays son élection comme Chef suprême, il émit un décret convoquant le peuple pour la nomination d'une Convention nationale, et à cette Assemblée il attribua la faculté de donner ou de refuser son consentement aux traités qui lui seraient soumis dans le cours de ses travaux (1). Par cet acte, le Chef suprême, de sa volonté propre et spontanée, se dépouilla de la faculté plus ou moins large qu'il aurait pu s'attribuer, d'approuver et de ratifier les traités, et reconnut intégralement aux mandataires celle de rédiger le pacte fondamental. Et comme ceux-ci n'avaient pas des facultés extraordinaires spéciales, mais simplement les facultés ordinaires indispensables pour formuler une Constitution, moins libérale que la précédente et plus accommodée au caractère et aux mœurs du peuple dominicain, c'est-à-dire : des facultés de modification dans l'ordre purement politique, — l'approbation et la ratification du Traité diminico-haïtien, quoique faites en des circonstances anormales, vint s'effectuer comme si le traité eût été conclu à une époque entièrement normale. C'est ainsi que, quelles que fussent les facultés extrordinaires concédées au Président et Chef suprême, il exerça seulement, de sa propre volonté, en ce qui concerne le traité dominico-haïtien, celles qui compètent à un Président constitutionnel, laissant aux représentants du peuple le droit, qu'ils avaient toujours eu par la Constitution, de donner ou de refuser leur approbation à tout traité que conclurait le Pouvoir Exécutif.

Les commotions politiques, qui influent sur toutes choses dans les pays récemment constitués, ne manquèrent pas de porter atteinte au Traité dominico-haïtien de 1874. A la chute du général Domingue, en 1876, une Assemblée haïtienne déclara nuls tous les actes de ce Président, et parmi eux fut compris le Traité conclu avec la République Dominicaine. Mais comme l'annulation des conventions bi-latérales ne peut s'effectuer par la volonté d'une seule des deux parties, le Traité resta en vigueur, et plus tard le reconnurent ainsi des Pouvoirs haïtiens compétents chez lesquels la raison avait plus d'influence que les passions de l'esprit de parti. Des stipulations du Traité les unes reçurent dûment leur accomplissement et d'autres s'accomplirent quelquefois oui, quelquefois non, selon que des intérêts locaux puissants ou le désir d'agir avec rectitude et bonne foi influaient dans le Pouvoir.

Quoique l'article 4 du Traité de 1874 eût prescrit que, dans le plus bref délai possible, seraient nommés des commissaires de part et d'autre, pour établir, de la manière la plus conforme à l'équité et aux intérêts réciproques des deux peuples, les lignes frontières qui séparaient leurs possessions actuelles, cette disposition ne fut jamais remplie. Ce fut l'essai de revision fait en 1883 qui vint mettre au jour, à l'étonnement des Dominicains, les prétentions

---

(1) Voir Document nº 19.

d'Haïti, touchant le territoire de la fontière, appuyées sur le texte de l'article 4 du Traité mentionné. Si de telles prétentions avaient été connues auparavant, le Traité ou au moins l'article 4 aurait pu être annulé faute de matière licite, car personne dans la République Dominicaine, en aucun temps, n'avait eu la faculté de céder la plus légère partie du territoire de la nation; et tous les citoyens espéraient que, en exécution de ce qui est stipulé en l'article 4, ils seraient appelés un jour, en leur qualité de membres du peuple souverain et dans un solennel plébiscite, à déterminer si aux commissaires que le Gouvernement devait nommer, en vertu de l'article 4, on concéderait ou non la faculté de modifier les limites entre Santo-Domingo et Haïti, tenant compte de ce qu'indiquait le même article 4, c'est-à-dire : l'équité et les intérêts réciproques des deux pays. En attendant, l'unique souverain du territoire : le peuple, n'acceptait pas, ni ne reconnaissait de cession semblable, car il ne l'avait pas faite, ni n'avait autorisée personne à la faire en son nom. Ou l'article 4 du Traité de 1874 ne signifiait pas ce que soutenait le Gouvernement d'Haïti par l'organe de son plénipotentiaire, ou, s'il avait cette signification, il était nul de plein droit; parce que celui qui a contracté le Traité, délégué muni de facultés limitées, avait concédé non seulement ce qu'il n'était pas en son pouvoir de concéder, mais encore ce qu'il lui était défendu de concéder. Et le droit ne pouvait naître ou prendre origine que du droit; mais jamais de l'usurpation ou de la violation de ce même droit.


## V


## L'ARTICLE 4 DU TRAITÉ DE 1874


« Les hautes parties contractantes s'engagent formellement à « établir, de la manière la plus conforme à l'équité et aux intérêts « réciproques des deux peuples, les lignes frontières qui séparent « leurs possessions actuelles. Cette nécessité fera l'objet d'un traité « spécial et, à cet effet, des commissaires seront respectivement nom- « més le plus tôt possible » (1).

Tel est le texte exact de l'article 4 du Traité du 9 novembre 1874, tel que l'ont approuvé les Chambres des deux pays; nous disons

______

(1) Voir Document n° 23.

*tel que l'ont approuvé les Chambres des deux pays,* parce que si l'on doit ajouter foi aux procès-verbaux des conférences, dressés par les Plénipotentiaires qui consentirent le Traité, l'article 4 contient une modification très importante, qui a été faite on ne sait pas quand ni par qui; car le texte convenu ne disait pas : les lignes frontières qui séparent *leurs possessions actuelles,* mais *les lignes frontières qui les séparent* (les deux peuples) (1). En examinant le texte en vigueur on observe tout de suite que tous les mots qui le composent ont un sens clair, précis et déterminé, à l'exception d'un seul: le mot de *possessions* qui prête à des interprétations différentes, en ce qu'on ne peut savoir quelle est la vraie et exacte interprétation que par l'étude réfléchie du reste de l'article.

Il n'y a pas de doute que c'est un compromis formel contracté par les deux Gouvernements d'établir dans le plus bref délai possible les lignes frontières entre les deux États, et heureusement la manière dont le tracé de ces lignes doit être fait est convenue et déterminée avec la clarté voulue : ce doit être, selon le dit article 4, « *de la manière la plus conforme à l'équité et aux intérêts réciproques des deux peuples* ».

Devra-t-on tracer lesdites lignes frontières à la lisière des points qu'Haïti occupait en novembre 1874, c'est-à-dire de ses possessions à cette date-là? Évidemment non. On manquerait en cela à l'équité, et l'on ne tiendrait pas compte des intérêts des deux peuples, mais de l'intérêt d'un seul : celui d'Haïti, et cela apparemment parce qu'en réalité, rien d'injuste et d'attentatoire au droit d'un autre ne peut être avantageux à aucun peuple. On manquerait à l'équité, car un tracé conforme à l'équité est un tracé conforme au droit, parce que la République Dominicaine a et a eu toujours comme sien tout le territoire qui appartenait à l'ancienne Partie espagnole, et ce territoire étant sien, comme il l'est en droit depuis 1855, il ne serait jamais équitable qu'on l'en dépouillât contre sa volonté et sans compensation d'aucune sorte, pour le concéder à Haïti, qui ne l'a possédé qu'en violation de l'équité et du droit. De manière que le tracé par le point indiqué — les possessions de 1874 — serait équitable seulement au cas où Haïti eût été le légitime souverain du territoire en question, et non la République Dominicaine, comme il a été démontré précédemment. L'équité, en ce dernier cas, exige que les lignes frontières soient tracées sur les limites d'Aranjuez.

Ce ne serait pas non plus conforme aux intérêts réciproques des deux peuples, parce que s'il convient à Haïti d'accroître son territoire des cinq mille et quelques kilomètres carrés que mesure le territoire en question, il convient également à la République

---

(1) Voir Document nº 19.

Dominicaine de ne pas diminuer le sien, surtout dans une si grande proportion, d'autant plus qu'avec cela elle perdrait pour toujours une population, qui n'est pas petite, qui est d'origine espagnole, et qui viendrait se confondre et disparaître dans la population haïtienne; et aussi resteraient sans garantie et perdus les droits de propriété du sol qui, presque tout entier, appartient à des Dominicains, et duquel ont disposé durant l'occupation le Gouvernement ou les autorités locales d'Haïti.

De sorte que les *possessions actuelles*, dont parle l'article 4, et par lesquelles devra être tirée la ligne frontière définitive, ne sont pas les *possessions* qu'Haïti occupait en 1874, parce qu'en tirant la ligne par là on manquerait à l'*équité*, qui est une des conditions indispensables qui doivent être observées dans le tracé desdites lignes. Les *possessions actuelles*, en ce cas, devraient être les *possessions actuelles en droit*, c'est-à-dire celles d'Aranjuez, parce que elles seules satisfont l'équité, condition indiquée comme nécessaire dans l'article 4 du Traité de 1874.

Mais en traçant les lignes frontières sur la *ligne d'équité*, on n'observe qu'une seule des deux conditions convenues dans le Traité; on manque de remplir l'autre, c'est-à-dire que le tracé soit *conforme à ce qu'exigent les intérêts réciproques des deux peuples*. Les points par où doit passer ce tracé ne sont pas en réalité déterminés dans l'article 4, car ils devaient résulter d'une convention postérieure, et c'est pour cela que devaient être nommés les Commissaires qu'indique ledit article. C'est ainsi qu'en dernière analyse, la ligne frontière définitive devait être convenue et déterminée par des Commissaires compétents, et dûment autorisés, de l'un et l'autre pays, qui se soumettraient aux conditions établies par l'article 4, tant de fois cité. En attendant, il n'y avait pas de limites définitives entre les deux États, mais un compromis de les établir, conformément à certaines conditions convenues d'avance et qui, pour Santo-Domingo, au moins, devaient obligatoirement mener à l'appel à un Plébiscite.

Cette manière d'entendre l'article 4 a dû être (*debio ser*) celle du Président de la République Dominicaine, de 1874 à 1876; parce que ni dans ses proclamations, ni dans ses messages au Congrès, ni dans aucun autre document à lui, de ceux qui ont eu publicité, ne se trouve la moindre indication qu'il aurait cédé, ni eu l'intention de céder à Haïti la plus petite partie du territoire de la République Dominicaine, chose que, à vrai dire, ni à lui, ni à personne, dans la République, il n'était possible de faire, sans que, *ipso facto*, il en résultât la nullité de la convention dans laquelle une telle stipulation aurait été consignée, à moins qu'on n'eût obtenu auparavant l'autorisation du peuple souverain, le seul qui ait pouvoir de décider la cession de n'importe quelle partie du territoire national. Or, sur ce point, il n'y a pas d'obscurité : les instructions du Gouvernement aux plénipotentiaires dominicains sont clairs et formels, et là-dedans on leur ordonnait, sur la question des limites, de ne rien convenir qui soit contraire à ce que prescrit le Pacte fondamental dominicain qui, pour le cas, fut déclaré en vigueur par le Chef suprême de la nation (1).

Cette manière d'entendre l'article 4 a dû être aussi celle du Gouvernement dominicain à la fin de 1876, et celle de tous les Gouvernements et Congrès qui se sont succédé d'octobre même année, à 1883 ; car le Pouvoir législatif d'Haïti ayant prononcé par la loi du 9 octobre 1876, l'annulation de tous les actes du Président Domingue, parmi lesquels était compris le traité dominico-haïtien de 1874, ces Gouvernements et Congrès dominicains ne s'empressèrent pas d'accepter ladite annulation, en ce qui concerne le Traité susdit, comme ils auraient pu le faire s'ils avaient cru que ce Traité préjudiciait à leurs intérêts ; car ainsi ils se seraient dégagés sans peine d'un compromis qui leur faisait perdre une étendue de territoire considérable.

Loin de là, Gouvernements et Congrès s'appliquèrent à l'envi à soutenir la validité du Traité et persistèrent à demander à Haïti la reconnaissance de cette validité. Que démontre un semblable procédé? Que, à Santo-Domingo, on ne croyait pas que cet article préjudiciait en rien à ses droits territoriaux; parce que, si on le croyait, on aurait accepté avec plaisir l'annulation du Traité, qui, prononcée par Haïti, aurait été parfaite avec le consentement de Santo-Domingo. On croyait, au contraire, que l'article 4 était seulement un compromis d'établir la ligne frontière par où l'exigeraient l'équité et les intérêts réciproques des deux peuples, et en cela on ne voyait pas de tort d'un côté ou de l'autre, mais un moyen acceptable de faire un règlement nécessaire et profitable à l'un et l'autre pays.

Cette manière d'entendre l'article 4 a été toujours celle du peuple dominicain et en font foi les écrits de ses poètes, orateurs, journalistes, historiens, publicistes et de tous ceux qui ont eu voix dans les affaires publiques du pays. Pour tous, le territoire de la Patrie est toujours tout l'ancien territoire espagnol; et l'occupation d'une partie par un peuple étranger a tantôt fait vibrer la fibre patriotique en des plaintes amères ou des apostrophes irritées, tantôt porté l'esprit à des considérations judicieuses et sans passion, tendant à faciliter un accord dans lequel se concilieraient la justice et la convenance réciproque des deux nations qui se partagent la propriété de l'île.

Cette manière d'entendre l'article 4 a été aussi celle de la Convention nationale qui approuva le Traité de 1874. Un de ses membres, inspiré par le patriotisme, comprit les périls qu'entraînait la rédaction de cet article, et il s'efforça de le faire modifier, aidé dans son entre-

_______

(1) Voir Document n° 16.

prise par quelques-uns de ses dignes collègues. La majorité de la Convention trouva imaginaires les craintes de ce député, et ne consentit pas à faire la modification proposée; mais dans les longs et chaleureux débats qui s'ensuivirent, divers députés déclarèrent « qu'ils « n'entendaient pas que, par l'article 4, on eût en rien compromis la « République à l'égard de la question des limites ni qu'on eût cédé la « plus petite partie du territoire », et d'autres déclarèrent « qu'ils « étaient dans la croyance que c'est la commission à nommer à cet « effet qui devait fixer les limites ». Enfin la Convention nationale en masse, à l'exception de deux députés seulement, et quelques moments avant d'approuver le Traité, fit la déclaration suivante :

« 1° Qu'en votant l'article 4 du Traité dominico-haïtien elle n'a pas « cru voter sur le fond de la question des limites;

« 2° Qu'elle croit que sur ce point il ne peut y avoir rien de défi- « nitif jusqu'à ce que les Gouvernements haïtien et dominicain se soient « entendus de la manière indiquée dans l'article 4, un traité spécial « négocié par des Commissaires réciproquement nommés;

« 3° Qu'elle croit aussi, et ainsi le déclare, que le *statu quo* « établi à l'article indiqué n'exprime ni n'implique aucune sorte de « droits définitifs, à l'égard d'Haïti, sur les possessions frontières « qu'elle occupe actuellement, et ne ferme pas non plus la voie, à « l'égard de la République Dominicaine, à un arrangement équi- « table. »

Le député Cestero, auteur de cette manifestation, fit savoir que ce qu'il se proposait par là était « que restât expliqué et bien défini « un point obscur du Traité par une Déclaration solennelle qui « aurait force de loi, au cas nécessaire, comme la consultation « d'un corps savant touchant un point de droit » (1).

Et une nouvelle fois la Convention nationale ratifia sa manière d'entendre l'article 4, en déterminant dans la Constitution qu'elle décréta le 9 mars 1875, moins de trois mois après avoir approuvé le Traité dominico-haïtien, quel était le territoire de la République; car non seulement qu'elle répéta la déclation « que la question de limites, « dans le traité ayant été laissée pendante, pour qu'une Commission « spéciale la tranchât, on devait laisser le chemin ouvert à cette « commission pour pouvoir faire la démarcation exigée par les cir- « constances », mais encore en faisant connaître quel était le terri- toire de la République Dominicaine, l'article 2 fut rédigé dans les termes suivants : « Le territoire de la République comprend tout ce « qui antérieurement, se nommait Partie espagnole de l'île de Saint- « Domingue et ses îles adjacentes. — Un traité spécial déterminera « ses limites du côté d'Haïti ». Cela veut dire que le territoire de la

---

(1) Voir Documents n°ˢ 21 et 22.

République Dominicaine restait le même qui lui revenait en droit depuis 1855; c'est-à-dire toute la Partie ci-devant espagnole; mais qu'on admettait la possibilité de sa modification par le côté qui touchait à Haïti, en vertu du Traité spécial qui serait conclu en conséquence de ce qui est convenu à l'article 4 du Traité de 1874, et, sans doute, l'autorisation nécessaire du peuple souverain préalablement obtenue pour effectuer des aliénations possibles de territoire (1).

En présence de cela, quel nom aurait la conduite de la Convention nationale dominicaine si, après avoir approuvé trois mois auparavant la cession du territoire-frontière à Haïti, elle venait, en décrétant la Constitution que devaient observer et défendre tous les Dominicains, comprendre de nouveau le territoire cédé dans celui qui appartient à la Nation? Et comment se qualifierait le serment que, peu de jours après, a prêté le Président de la République de défendre les droits du peuple dominicain, si un des principaux de ces droits, celui de l'intégrité du territoire, tel que le marquait la Constitution, il ne pouvait pas le sauvegarder pour avoir lui-même cédé, selon que le soutient aujourd'hui Haïti, une partie, qui n'est pas petite, du territoire qu'on est obligé de défendre?

Et cette même manière d'entendre l'article 4, a dû l'avoir le Gouvernement haïtien de cette époque, le Général Domingue, le même qui conclut le Traité de 1874, car ne pouvant ignorer les termes dans lesquels avait été rédigé dans la Constitution de 1875 l'article relatif au territoire, il ne fit pas d'observation ni de réclamation là-dessus au Gouvernement dominicain, avec lequel il était en relations très cordiales, ni ne protesta non plus contre le contenu en cet article, contraire en tout aux droits souverains d'Haïti, s'il était exact qu'on eût reconnu comme sien le territoire qu'elle occupait en 1874. Pareille chose, et pour la même raison, peut se dire des gouvernements haïtiens suivants jusqu'à celui de 1883. Une telle façon d'agir n'indique-t-elle pas que ce qui était convenu n'était pas la cession de quelque partie du territoire en question, mais le mode de régler plus tard cette difficulté, ayant là pour règle l'équité et les intérêts réciproques des deux peuples?

Cette manière de voir est confirmée par la rédaction même de l'article 4. Si ce qui s'y faisait était une cession gracieuse à Haïti de tout le territoire dominicain qu'elle occupait indûment, pourquoi cela n'est-il pas exprimé avec clarté dans ledit article? Pourquoi ne l'a-t-on pas dit dans ces termes ou autres semblables : « La République « Dominicaine cède pour toujours à Haïti tout le territoire de l'ancienne Partie espagnole que Haïti occupe dans l'actualité, et se « compromet formellement à tracer la ligne frontière en conformité

---

(1) Voir Documents nᵒˢ **24** et **25**.

« de cette cession » ? Pourquoi parler d'équité, si on allait manquer à l'équité ? Pourquoi parler d'intérêts des deux peuples, si c'est l'intérêt d'un seul qui devait prédominer ? Si la volonté des deux parties contractantes était d'accord pour effectuer la cession, pourquoi n'appelait-on pas les choses par leur nom ? Qui prétendait-on tromper ? Etaient-ce les Plénipotentiaires les uns les autres ? Etait-ce Haïti ? Etait-ce Santo-Domingo ? Rien de cela n'est probable, ni paraît possible. Il est même absurde de le supposer. Les contractants savaient trop bien que le peuple, l'unique victime dans ce cas, n'avait donné à personne faculté de disposer de la plus petite partie de son territoire, et que sans cette faculté, nécessaire, indispensable, tout ce qui est convenu emportant cession de territoire était *ipso facto* nul en droit. Alors pourquoi cette tentative absurde de cession territoriale ? — Non. — Messieurs les plénipotentiaires, fidèles à leur devoir et soucieux de procurer à leurs pays respectifs ce qui est vraiment bien, ce qui est fondé sur la justice, ont consenti ce qui peut-être devait être consenti : que le tracé des limites se ferait plus tard par des commissaires dûment autorisés et ayant pour règle l'équité et les intérêts réciproques des deux peuples. Le prouve la communication adressée par les Plénipotentiaires dominicains au Ministre des Relations Extérieures, en date du 28 octobre 1874, ainsi que l'article 3 du même traité du 9 novembre. Si dans ce dernier on convenait qu'aucun des deux Etats ne pouvait céder la moindre portion de son territoire, comment allait être faite par la République Dominicaine une cession de territoire à Haïti, c'est-à-dire ce que précisément elles venaient de convenir qui ne se ferait pas, et ce que ne pouvaient pas faire les commissaires dominicains, la chose étant prohibée tant par leurs instructions que par les lois fondamentales de la nation qui obligeaient leurs commettants eux-mêmes ? Non, il n'y a pas eu de cession. Les Plénipotentiaires dominicains le disent clairement et formellement : ils ne convinrent que du *statu quo*, et le *statu quo* n'est pas la *cession* (1).

Egalement il serait étonnant que l'intention des contractants étant de consentir la cession territoriale susdite, on n'eût pas établi de compensations d'un genre quelconque en faveur du cédant de tant de terres d'une si grande étendue. Si Santo-Domingo avait été occupé par les victorieuses forces haïtiennes ; si les cadavres de ses fils indomptables, dispersés dans les montagnes et les plaines, avaient dit au monde que le devoir était rempli ; si les rares survivants d'un tel désastre avaient oublié que le climat, les forêts, l'air, le sol, tout ce qui est dominicain repousse et combat avec énergie ce que veut imposer l'étranger ; si l'esprit d'Enriquillo cessait de planer dans

---

(1) Voir Documents nos 20, 23 et 25.

l'atmosphère, et que les souvenirs héroïques de la mère-patrie, ceux
des fondateurs et des restaurateurs de la nationalité dominicaine
n'eussent plus d'influence sur l'esprit pusillanime des Dominicains
descendants dégénérés ; si dans cet état d'extrême décadence on eût
exigé comme condition de paix, comme unique moyen de salut, ce
démembrement du territoire, on concevrait alors que cette cession se
fût effectuée contre toute justice et sans compensations d'aucune
espèce ; mais en dehors de ce cas, en pleine virilité nationale, avec le
courage et les ressources nécessaires pour exposer et défendre ses
droits, céder en complète paix de fait, et sans discussion d'aucun
genre, un territoire si disputé, et le céder sans aucune espèce de
compensation, comme celui qui laisse tomber de ses épaules une
charge pesante qui le fatigue, c'est chose inexplicable, inconcevable ;
et c'est seulement en admettant l'inexistence d'une semblable cession
territoriale que l'esprit retrouve dans les faits une conséquence
logique, du naturel et de la justice.


# VI


## L'INTERPRÉTATION HAÏTIENNE


Le Gouvernement haïtien depuis 1883 soutient que l'*uti possidetis*
étant la base convenue dans l'article 4 du Traité de 1874 pour faire le
tracé définitif des lignes frontières entre les deux pays, tous les territoires qu'elle occupait en 1874 lui reviennent en droit, et ce qu'il
reste à faire, c'est de tracer la ligne matérielle qui délimite exactement lesdites possessions ou territoires.

Tel est le fond de l'interprétation haïtienne sur l'article en question. A-t-elle un fondement solide après tout ce qui a été dit antérieurement ?

Une ligne frontière n'est que la résultante de la détermination
exacte des territoires (1) de deux ou plusieurs pays qui se touchent,
et pour déterminer et fixer ces territoires, on doit avoir une base
convenue d'avance. La base convenue dans le cas dont il s'agit est
celle que consigne l'article 4 : l'équité et les intérêts réciproques des
deux peuples et non celle de *l'uti possidetis*, qui n'est convenue nulle

---

(1) « *Una linea fronteriza no es sino la resultante de la determinacior
exacta de los territorios.....* »

part ni ne peut découler logiquement de l'étude impartiale et désin-
téressée dudit article 4.

Pour que l'interprétation haïtienne soit exacte, il faut ou mutiler
l'article 4, ou changer la base convenue pour le tracé des lignes
frontières. L'interprétation haïtienne fait l'une et l'autre choses.

Elle mutile l'article 4 parce qu'elle en supprime la condition ou
base convenue pour le tracé des lignes frontières et qui doit être
comme suit : « de la manière la plus conforme à l'équité et aux intérêts réciproques des deux peuples ».

En effet, Haïti raisonne et établit ses droits comme si l'article 4
disait seulement : « Les Hautes Parties contractantes se compro-
« mettent formellement à établir les lignes frontières qui séparent
« leurs possessions actuelles. » Et la manière dont ces lignes doivent
être établies? — Cela, elle l'omet. — C'est comme si elle ne l'aurait
jamais consentie; comme si les mots ne l'auraient pas frappée, pour
lui faire rappeler qu'ils existent et ont un sens modificateur profond.
— Elle ne remarque pas que si les lignes frontières doivent se régler
sur l'*équité*, et les *possessions actuelles*, celles de 74, n'étant pas
basées sur l'équité, — elles ne sont ni ne peuvent être les *possessions*
d'après lesquelles doit être tracée la ligne définitive, mais qu'il faut
alors aller chercher les possessions ou territoires qui se conforment à
l'équité, ce qui ne peut être que les possessions ou territoires qui en
droit appartiennent aux deux parties. Elle ne remarque pas non plus
que si les lignes frontières doivent se plier à ce qu' « exigent les
« intérêts réciproques des deux peuples », alors la même ligne d'équité
ne sera pas dans toute son étendue la ligne frontière définitive, mais
au cas où elle réunirait en même temps la condition de *convenance;*
et si elle ne la réunit pas, alors la ligne frontière définitive devra se
tirer par où elle conviendrait « aux intérêts des deux peuples »; — cet
intérêt devant être déterminé dans une convention spéciale conclue
par ceux-là qui légitimement auront pouvoir et autorisation pour
mener à fin une semblable détermination.

Haïti change la base convenue pour le tracé de la ligne frontière,
parce que trouvant dans l'article 4 les mots *possessions actuelles,* elle
veut les rendre équivalents à « base d'occupation actuelle, » ou soit
*uti possidetis,* ce qui n'est pas exact dans le présent cas. En effet,
pour mener à bonne fin le tracé d'une ligne frontière, on ne peut pas
établir deux bases qui ne peuvent pas s'accorder, beaucoup moins si
l'une est ou peut être contraire à l'autre; parce qu'alors il en résultera
que ou l'une ou les deux restent paralysées, et le tracé est impossible.
La base consignée dans l'article 4 pour le tracé des lignes frontières
est « l'équité et la convenance réciproque des deux peuples », base
convenue entre les parties et exprimée d'une façon claire et déterminée, et à laquelle il y a forcément à se conformer. En ce cas, si

cette base est celle qui est convenue, si c'est celle qui doit être acceptée, ce ne pourra pas être celle de l'*uti possidetis*, que prétend Haïti, parce qu'en outre de ce qu'elle n'a pas été convenue, ce qui est suffisant pour qu'on la rejette, elle a le grand inconvénient qu'elle est *contraire* à la base convenue; parce qu'elle est contraire à l'*équité*. De sorte que c'est seulement dans le cas où Haïti démontrerait qu'elle est le légitime souverain, en droit, des territoires qui constituent les possessions de 74, — chose qui est impossible tout autant qu'occupation par la force et droit ne seront pas synonymes, — c'est seulement dans ce cas que l'*uti possidetis* s'accommoderait à l'une des conditions de délimitation; et il resterait encore à voir s'il pouvait s'accommoder à l'autre, c'est-à-dire la convenance des deux peuples. Et si par bonheur il s'y ajustait, réunissant en même temps la susdite condition d'*équité,* alors il pourrait être base de délimitation, non parce qu'il est l'*uti possidetis,* mais parce qu'il s'accommode à la base convenue pour la délimitation, c'est-à-dire « l'équité et la convenance réciproque des deux peuples ».

La ligne frontière entre Santo-Domingo et Haïti peut-elle être tracée en prenant pour base l'interprétation haïtienne? — Non, si l'on doit observer ce qui est prescrit par l'article 4 du Traité de 1874. Les possessions d'Haïti à cette date n'ont pas à leur soutien l'équité, et l'on n'a pas encore examiné si elles seront en harmonie avec ce qu'exigent les intérêts des deux peuples. A moins qu'on ne fasse une convention spéciale, ces lignes ne pourront jamais aller exactement par les possessions *de fait* de 74, parce qu'à cela s'oppose le même article 4 invoqué par Haïti. Cela démontre quel est le vrai sens de la phrase *possessions actuelles,* qui n'est pas autre que celui de territoires en droit appartenant à chaque État; car c'est seulement en lui donnant ce sens qu'il ne paraît pas en contradiction avec la base stipulée pour l'indication des confins entre les deux pays. Et comme Haïti ne possède, *en droit,* pas d'autres territoires que ceux qui lui furent cédés par la France en 1825, et que Santo-Domingo n'en a pas non plus d'autres que ceux que lui transmit l'Espagne en 1855, c'est par la limite de ces territoires, c'est-à-dire ceux désignés au Traité d'Aranjuez, que devra courir la ligne frontière définitive, si pour la tracer on eut seulement à s'attacher à ce qu'indique l'équité. Réellement on devrait distinguer dans le Droit des gens, par des mots distincts et appropriés, les trois manières pour un État de posséder des territoires qui sont déjà la propriété d'un autre État : l'*occupation* basée seulement sur la force (possession violente); la *possession* qui a pour fondement un titre apparemment légitime, quoiqu'il ne le soit pas en réalité (possession civile ou de bonne foi), et le *dominio* ou *señorio* fondé en titre légitime et qui constitue le vrai droit (propriété parfaite). Dans ce cas devraient s'appeler *occupations* d'Haïti et non *possessions* les divers territoires que cette nation garde en son pouvoir et qui appartiennent à la République Dominicaine, car elle ne les possède pas par l'effet d'un droit, et la possession sans titre légitime, appuyée seulement sur la force, n'est en réalité qu'une *occupation militaire*.

Mais ce qui surtout rend inacceptable l'interprétation haïtienne, c'est qu'elle entraînerait avec soi l'annulation du Traité de 1874; et il est à croire que l'intention des contractants n'a pas été d'insérer une clause qui détruirait précisément ce qu'ils stipulaient. Les Plénipotentiaires dominicains savaient bien qu'ils ne pouvaient pas consentir une cession territoriale, quelque petite qu'elle fût, parce qu'ils n'avaient pas de facultés pour cela, et personne ne peut concéder ce qu'il n'a pas. — Le territoire de toute nation, surtout de celles qui ne possèdent pas de colonies, est inaliénable, parce qu'il forme le propre corps de l'État, et personne ne se mutile par plaisir, on ne le fait que dans un cas de nécessité extrême et par suite d'un acte de volonté délibérée. — Dès sa naissance, le peuple dominicain établit comme article fondamental de sa vie comme État, à l'égal de la prohibition de l'esclavage, la prohibition absolue d'aliéner le territoire où il allait se développer en sa qualité de nation indépendante et souveraine. C'est au peuple seul, réuni en un solennel plébiscite, qu'il appartient de décider s'il doit modifier ou non cette prescription fondamentale, existante en tout temps, qu'elle soit consignée ou non dans des Constitutions écrites; et s'il ne le décide pas, ce qui est fait à cet égard par n'importe quel autre est nul et de nulle valeur en droit.

Les Plénipotentiaires haïtiens, de même que leur Gouvernement, devaient savoir jusqu'où allaient les pouvoirs de ceux avec qui ils traitaient, et s'ils n'ont pas voulu s'en enquérir, ils ne peuvent imputer à personne ce qui est dû à une omission ou négligence de leur part, parce que la première chose à faire par un contractant c'est de prendre connaissance des pouvoirs de l'autre contractant, afin de ne pas accepter comme droit effectif des phrases vides de sens et sans existence en réalité. Avait autant de droit de céder le territoire dominicain le premier venu, Français, Anglais ou Haïtien qui en aurait eu la fantaisie, que les Pouvoirs dominicains qui intervinrent dans la formation et approbation du Traité de 1874. Ni les uns ni les autres n'auraient les facultés de celui qui, seul, pouvait faire cette cession : le peuple souverain. Et sans facultés pour cela, quelle valeur juridique ont de semblables transmissions de domaine? Ne sont-elles pas des actes purement décevants?

# VII

## L'INTERPRÉTATION DOMINICAINE

Quand en 1883, à l'occasion de la revision du Traité de 1874, furent connues pour la première fois les prétentions d'Haïti touchant le territoire frontière, les Plénipotentiaires dominicains, MM. Don José de Jesus Castro, Don Mariano A. Cestero et Don Emiliano Tejera, discutant le point important des limites avec le Plénipotentiaire haïtien, homme éclairé, M. Charles Archin, formulèrent en toute clarté leur manière d'entendre l'article 4 dudit Traité; et cette interprétation, acceptée premièrement par le Gouvernement dominicain et plus tard par le Congrès national, est ce qu'on appelle *interprétation dominicaine*. A la même époque les Plénipotentiaires dominicains proposèrent à celui d'Haïti, en attendant que soit déterminée ou convenue la frontière définitive, l'établissement d'une ligne frontière provisoire, qui passerait par les points que les deux peuples occupaient en 1856, bien entendu que ce règlement provisoire ne pouvait préjudicier le moindrement aux droits que chaque peuple avait ou croyait avoir sur le territoire occupé provisoirement par l'autre (1).

Le Gouvernement dominicain entend que, par l'article 4 du Traité de 1874, on établit seulement le compromis formel de nommer des commissaires de part et d'autre, qui tenant compte de *l'équité et des intérêts réciproques* des deux peuples *arrêtent ensemble et déterminent* la ligne frontière qui doit séparer les possessions, ou le territoire des deux Etats. Par ligne établie *conformément à l'équité* le Gouvernement dominicain entend la ligne tracée en conformité du *droit parfait* qui revient à chaque peuple sur le territoire en question. Par ligne établie *conformément aux intérêts des deux peuples* le Gouvernement dominicain entend la ligne qui résulte du *tracé conforme au droit,* modifiée, si c'est nécessaire, dans un sens ou dans un autre, selon que l'exigent les *intérêts des deux peuples,* mis en harmonie de telle sorte, par une convention spéciale, qu'aucun des deux ne soit lésé; qu'au contraire ils soient tous deux satisfaits en tout ce qui est juste et convenable.

L'interprétation dominicaine diffère de l'interprétation haïtienne en ce que celle-ci donne comme déterminée depuis 1874 la ligne fron-

---

(1) Voir Documents nᵒˢ 26, 27, 28, 29, 30, 31 et 32.

tière définitive, tandis que celle-là suppose que ladite ligne est encore à établir. Selon Haïti, ce qui reste à faire c'est de nommer les commissaires de l'un et l'autre pays qui recherchent et constatent quels sont les points qu'elle occupait en 1874, et de tracer par ces points et à l'aide d'ingénieurs compétents, la ligne matérielle de la délimitation. Selon Santo-Domingo, les commissaires nommés à cet effet par les deux pays doivent convenir des points qui, conformément à l'équité et aux intérêts des deux peuples, doivent constituer la ligne frontière définitive. La discussion possible entre les Commissaires sera, selon Haïti, celle qui peut naître de ce que les deux parties ne seraient pas d'accord sur la date à laquelle tel ou tel point aurait été occupé par Haïti ou par Santo-Domingo, et c'est bien plutôt une enquête qu'une discussion; et cela étant, on devra employer les moyens nécessaires pour toute investigation; mais ne seront pas du tout utiles les considérations *d'équité*, et beaucoup moins celles de *convenance entre les deux peuples,* lesquelles ne peuvent pas servir pour fixer des points d'occupation. La discussion entre les Commissaires, selon Santo-Domingo, ne doit pas rouler sur des points *d'occupation* en 1874, ce qui est chose très secondaire, mais sur des « points » *d'équité et de convenance*, assez difficiles à déterminer, et qui ne pourront pas être résolus sans un examen long et réfléchi et des discussions prolongées et tenaces. Ce qui importe pour le tracé de la ligne n'est pas de savoir quels points occupaient les deux pays en 1874, mais quels points leur reviennent selon *l'équité*, et quels seraient ceux qui, s'harmonisant avec l'équité, *conviendraient* le plus *aux intérêts réciproques* des deux peulpes. Pour Haïti, la ligne frontière doit passer exactement et rigoureusement par les possessions qu'elle occupait en 1874 et partant en rien on n'a besoin d'investigations d'équité, et moins de convenance des deux peuples. Pour Santo-Domingo, la ligne doit se tirer par où se concilie *le droit* avec les *intérêts* des deux peuples, et si la première de ces conditions porte aux limites d'Aranjuez, la seconde peut s'en éloigner partiellement, avec des ondulations plus ou moins grandes; mais toujours filles de la discussion et de l'accord des Commissaires nommés à cet effet. Laquelle de ces deux interprétations est l'exacte? Laquelle s'accommode le plus à la lettre et à l'esprit de l'article 4 du Traité de 1874?

Le Gouvernement dominicain croit que c'est la sienne, si l'on donne à la phrase, possessions actuelles, le sens qu'indique l'examen impartial et consciencieux dudit article 4, et si l'on donne aussi sa véritable importance à la base stipulée : *l'équité et la convenance réciproque des deux peuples*. Avec l'interprétation dominicaine, tout est naturel, tout est possible, et principalement il en résulte que tout se trouve conforme à la justice et à la volonté des parties contractantes, consignée à l'article 4 du Traité. C'est le contraire qui arrive avec l'interprétation haïtienne : elle est défectueuse, mal fondée et surtout entraîne avec soi la destruction du même article 4, en ce qu'il y aurait été convenu, selon Haïti, des cessions de territoire, seulement possibles au peuple souverain, et par conséquent au-dessus des facultés des contractants dominicains, et partant nulles de plein droit, étant impossible qu'on transmette ce qu'on n'a pas et qu'on n'a pas été autorisé à transmettre.

Il est vrai que, étant admise dans l'article 4 du Traité de 1875 la possibilité d'une modification du territoire de la République Dominicaine, il fallait que le Gouvernement qui se proposerait d'accomplir ledit article sollicitât du peuple, au moyen d'un plébiscite, les facultés nécessaires pour cela, car, selon le droit constitutionnel dominicain, il n'y a pas, il n'y a jamais eu de Gouvernement ni de Pouvoir aucun qui soit autorisé à céder ni aliéner un pouce du territoire national. Et comme le peuple pourrait concéder ou ne pas concéder ces facultés, l'article 4 viendrait toujours à être nul, soit qu'on acceptât l'interprétation haïtienne ou la dominicaine. Mais en réalité le cas n'est pas entièrement identique. Avec l'interprétation haïtienne l'article était nul, de *plein droit*, parce qu'on aurait *conclu* et *effectué* une cession de territoire, par qui ne pouvait *consentir* ni *concéder* semblable chose. Avec l'interprétation dominicaine, l'article 4 pourrait, dans le cas le plus défavorable, rester *inaccompli*, mais il n'était pas nul de plein droit, parce qu'on *n'aurait pas cédé*, mais promis une chose qui pouvait emporter cession. Si les commissaires convenaient que la ligne d'équité et la ligne de convenance allaient par les mêmes points, alors il n'y avait pas cession de territoire dominicain, et l'article restait appliqué sans qu'on eût besoin de pouvoirs spéciaux. Si ces lignes ne coïncidaient pas dans toutes leurs parties, alors, oui, des facultés spéciales étaient nécessaires pour les commissaires dominicains, et le peuple les leur concédait ou ne les leur concédait pas. S'il les leur concédait, l'article pouvait avoir due exécution ; s'il ne les leur concédait pas, l'article restait *inaccompli*, ressemblant en cela à d'autres stipulations du même Traité qui n'ont pas eu non plus d'accomplissement ; mais comme ce n'était pas une concession, mais une offre de concession qui ne pouvait pas être menée à fin, il n'en résultait pas que l'article fût nul de plein droit, quoique certes, cela donnât faculté aux parties, si cela leur convenait, d'en demander la rescision, pour impossibilité d'exécutien dans le moment.

# VIII

## LA FRONTIÈRE DÉFINITIVE

La frontière dominico-haïtienne de 1855 et de 1874 est, à ses deux extrémités, semblable à la frontière franco-espagnole d'Aranjuez. Depuis l'embouchure de la rivière de Dajabon ou Massacre jusqu'à Bayaha, il n'y a pas eu de modification dans les limites que décrit ledit Traité. Depuis l'embouchure de la rivière Pédernales ou des Anses-à-Pitre jusqu'auprès des sources de cette rivière, il n'y en a pas eu non plus; quoique les autorités haïtiennes limitrophes aient tenté plus d'une fois de traverser lesdites lignes, en mettant des postes et plaçant des marques sur les points les plus déserts de ces lieux (1).

Là où il y a eu de grandes modifications, c'est dans la partie centrale de l'ancienne ligne franco-espagnole. Les Haïtiens occupèrent premièrement, en 1808 ou 1809, les bourgades, alors dégarnies, de Saint-Michel et de Saint-Raphaël, et leurs respectives circonscriptions; plus tard, en 1822, ils s'emparèrent de toute la Partie espagnole; en 1844, lorsqu'ils en furent expulsés, ils retinrent en leur pouvoir les places et les communes de Hinche et de Lascaobes, avec une partie des communes de Banica et de Dajabon, et en dernier lieu, depuis 1856, année où cessèrent les hostilités, partie de la commune de Las Matas et *una que otra* portion de territoire par-ci par-là du côté dominicain de la ligne de guerre.

Dans le traité de 1874, il fut convenu que la ligne frontière serait tracée par où l'exigeraient l'équité et les intérêts des deux peuples. On peut supposer, sans passer pour exagéré, que ce règlement fut prématuré alors et qu'il l'est encore dans l'actualité, nonobstant la convenance, que l'on comprend bien, de fixer une limite conventionnelle entre les deux Etats. En admettant que Haïti eût accepté l'article 4 dans le sens que lui donnent les Dominicains, il est très difficile, presque impossible, que les commissaires arrivent à se mettre d'accord sur ce point, facile à stipuler, très difficile à rencontrer, où l'équité se conciliera avec l'intérêt des deux peuples. Les Haïtiens, passionnément attachés à la terre qu'ils possèdent depuis tant d'années durant, et où ils ont fondé de petites bourgades et des établissements de toute sorte, la considèrent comme leur propriété par le droit

---

(1) Voir Document nᵒ 38.

de la conquête, par celui de l'incorporation volontaire en 1822, par la volonté des populations, titre qui leur est favorable aujourd'hui, mais qui leur était contraire il y a quelques années, et qui, pour être équitable, devrait permettre aux Dominicains une possession égale à celle qu'a eue Haïti; enfin, par tout ce qui ne les oblige pas à reconnaître des droits au peuple dominicain, et ils trouvent que ce serait pour eux le plus grand des sacrifices que de perdre la plus légère portion du terrain tant convoité. A leur tour, les Dominicains considèrent comme attentatoire à leurs droits de laisser ces quartiers au pouvoir d'Haïti, quand surtout, en outre des titres historiques, ils ont un droit parfait à les posséder par la cession que leur en fit l'Espagne en 1855. Dans ce cantonnement respectif d'opinions inflexibles, comment rencontrer le point d'accord? Seul un tiers impartial peut le trouver, et l'usage de ce moyen ne fut pas stipulé comme il devait être fait dans le Traité de 1874. Des deux parties contractantes, l'une possède des territoires occupés indûment; l'autre a des droits légitimes, quoique sans pouvoir les exercer quant à présent. Que conseillerait la raison, si le règlement est aussi nécessaire qu'on le dit? Qu'une des parties remît les territoires sur lesquels elle n'a pas profondément pris racine; que l'autre cédàt, moyennant compensation équitable, ces droits que l'occupation prolongée de la première a empêché d'exercer. Autrement, il ne peut pas y avoir de transaction possible, et un jour ou l'autre, la guerre ou quelque calamité pareille, se chargera de régler les choses, au prix que le fait toujours la force brutale : des désastres terribles toujours renaissants.

Mais les peuples dominicain et haïtien sont-ils bien préparés pour, dans l'actualité, faire par eux-mêmes un réglement convenable, quoique non équitable du tout? C'est très douteux.

Et sans incriminer personne on pourrait penser que, malgré l'esprit de fraternité régnant aujourd'hui entre les deux peuples, et malgré aussi le désir, plus d'une fois manifesté par Haïti, de vivre en paix avec la République Dominicaine, presque tous les gouvernements haïtiens qui se sont succédé depuis l'année 1856 ont contribué à rendre douteux le dessein de maintenir la paix entre les deux peuples, et cela soit en envahissant peu à peu mais incessamment le territoire dominicain, gagnant du terrain sur les limites existantes à la cessation de la guerre en 1856; soit en plaçant tout récemment des bornes, par quoi est resté prouvé leur système invariable d'envahir lentement le territoire mentionné, préjudiciant aux droits du peuple dominicain et engendrant chez lui des défiances plus ou moins justifiées (1).

_____

(1) Voir Documents n<sup>os</sup> 33, 34, 35, 37 et 38.

C'est d'un semblable procédé de la part des Gouvernements d'Haïti que naît principalement le déplaisir du peuple dominicain à consentir un arrangement définitif qui emporte cession de territoire. Par amour de la paix et afin que le progrès s'enracine dans le pays, on pourrait peut-être arriver à céder, moyennant juste compensation, partie des droits qu'on a sur le territoire dominicain occupé par Haïti. Mais à quoi conduirait ce sacrifice, si Haïti ne changeait pas de système ? Si elle continue à envahir comme elle l'a fait jusqu'ici? Si elle oblige les Dominicains à être toujours occupés à repousser ses prétentions par des réclamations diplomatiques, sinon par les armes ? — Peut être utile, même nécessaire, le règlement des limites; mais il est encore plus nécessaire que Haïti démontre par ses actes qu'elle a véritablement renoncé aux prétentions d'un autre temps. S'il n'en était pas ainsi, il arrivera un jour où les deux peuples se convaincront qu'il leur est impossible de vivre en paix et en harmonie sur le sol que le sort leur a désigné, et qu'ils demanderont à sortir, une fois pour toutes, d'une situation si pleine de difficultés.

La perspective d'un duel à mort entre des peuples chrétiens est horrible; et l'on doit regarder comme un acte civilisateur de la part des Gouvernements actuels d'Haïti et de Santo-Domingo le dessein de chercher dans l'arbitrage le moyen d'arriver à la solution des difficultés de frontières (1). Mais pour que l'arbitrage fût entièrement profitable, il fallait qu'il fût complet ; c'est-à-dire qu'il embrassât la difficulté en toute son étendue et la résolût définitivement en toutes ses parties. En laissant un point quelconque sans décision, on laisse toujours des difficultés debout, et toute difficulté peut être motif de désaccord, et même de guerre, si c'est de grande importance. Au contraire, si la question de *limites* se trouve résolue justement et définitivement par l'arbitrage, l'avenir des deux pays dépendra de la conduite postérieure d'Haïti. Santo-Domingo n'a jamais été envahisseur, ni ne peut l'être par son infériorité numérique et la faiblesse de ses ressources; et si Haïti met un terme définitif à ses prétentions territoriales, l'activité et l'énergie des Haïtiens et des Dominicains peut s'appliquer tout entière à résoudre les graves questions, tant intérieures qu'extérieures, que renferme l'avenir, et qui seulement à force de rectitude et de patriotisme pourront avoir une solution satisfaisante. Le plus grand nombre des peuples d'Amérique sont indépendants et autonomes, *en droit* ; mais en réalité ils manquent d'une véritable force pour faire respecter ces conditions nécessaires de leur vie nationale, dans les circonstances qui ne sont pas critiques; se voyant obligés dans celles qui ne méritent pas ce nom, de supporter des exactions et des humiliations imméritées. Et comme la

---

(1) Voir Documents n<sup>os</sup> 39, 40, 41 et 42.

force commande encore beaucoup plus qu'elle ne devrait dans le monde civilisé, il faut que les peuples américains cherchent dans l'association des uns avec les autres les garanties dont ils ont besoin, et le respect que le droit obtient toujours, quand à sa force virtuelle s'ajoute la persuasion chez les autres qu'il pourra être, dans tous les cas, convenablement soutenu pour ne permettre aucunes violences ni offenses injustes.

Mais quelle que soit l'étendue donnée à l'arbitrage, le Gouvernement domicain pense avoir montré, ô Très Saint-Père ! qu'il défend un droit parfait de la nation qu'il gouverne et qu'il n'est pas dans l'erreur à croire :

1º Que la portion de territoire de l'ancienne Partie espagnole, occupée aujourd'hui par Haïti, appartenait à l'Espagne jusqu'à l'année 1855, en vertu de la rétrocession que lui en fit la France en 1814, cette nation n'ayant jamais perdu sa qualité de propriétaire par aucune cause qui soit valide en droit.

2º Que Haïti est seulement maîtresse légitime de l'ancienne Partie française de Santo-Domingo, car c'est cette seule partie que lui a cédée la France en 1825, selon les termes clairs et précis de l'ordonnance Royale de Charles X du 17 avril de ladite année, Haïti ne pouvant invoquer des droits de conquête ni envers la France ni envers l'Espagne. Envers la France, parce que le Traité de reconnaissance, équivalant au traité de paix, n'a pas été stipulé sur la base de *l'uti possidetis*; envers l'Espagne, parce que Haïti n'a jamais été en guerre avec cette nation.

3º Que par la cession qu'a faite l'Espagne à Santo-Domingo, à l'article premier du Traité du 18 février 1855, la République Dominicaine est légitime maîtresse, jusqu'à présent, de tout ce qui, antérieurement, se nommait Partie espagnole de l'île de Saint-Domingue, où est compris le territoire que Haïti occupe indûment, puisqu'il appartient à l'ancienne Partie espagnole.

4º Que Haïti occupe sans droit ledit territoire de l'ancienne Partie espagnole ; car ni la France, ni l'Espagne, ni la République Dominicaine, qui en ont été tour à tour les maîtresses jusqu'à présent, ne le lui ont cédé en aucun temps, ni ne lui ont transmis aucune sorte de droits dessus, Haïti le possèdant seulement par l'occupation qu'elle en a effectuée, en partie par force, en partie par tolérance, ce qui ne peut en aucun cas être source de droit, non plus titre suffisant pour être invoqué contre personne, et beaucoup moins contre celui qui est le véritable possesseur du droit.

5º Que l'article 4 du Traité du 9 novembre 1874, conclu entre Haïti et Santo-Domingo, n'est pas autre chose qu'un compromis d'établir, *conformément à l'équité et aux intérêts réciproques* des deux peuples, les lignes frontières qui séparent les deux États; et non comme le soutient Haïti, une cession des territoires de l'ancienne Partie espagnole qu'elle a occupés jusqu'à l'année 1874.

6° Que l'interprétation haïtienne est contraire au texte même de l'article 4; car avec elle on ne peut pas tracer la ligne frontière comme le détermine ledit article ; c'est-à-dire « conformément à « l'équité et aux intérêts réciproques des deux peuples ». On ne peut pas la tracer conformément à l'équité, parce que, tirant la ligne par les points occupés par Haïti en 1874, la République Dominicaine se dépouille de quelques milliers de kilomètres de territoire, qui lui appartiennent en droit strict, pour les concéder à Haïti, laquelle les occupe contre tout droit, ce qui, loin d'être conforme à l'*équité*, y est contraire et hautement injuste et immoral. La ligne ne peut pas non plus être tracée conformément à ce qu'exigent *les intérêts des deux peuples*, parce qu'il n'est pas possible que la perte absolue et sans compensation d'une zone aussi étendue convienne jamais au peuple dominicain ; et dans ce cas, tirant la ligne par celle d'occupation en 1874, l'intérêt d'un peuple seulement serait servi, et celui de l'autre profondément lésé, ce qui serait contraire à ce qui est stipulé à l'article 4 qui exige que *les intérêts des deux peuples* s'harmonisent et soient satisfaits.

7° Que si l'interprétation donnée par Haïti à l'article 4 du Traité du 9 novembre 1874 est exacte, cet article alors est nul de plein droit car le peuple dominicain, le seul qui ait faculté pour cela, n'avait pas donné de pouvoirs à ceux qui, en son nom, ont conclu ledit Traité, pour que fussent faites des aliénations de territoire formellement prohibées par la Constitution de la nation.

Et 8° Qu'en conséquence, et quelle que soit l'interprétation donnée à l'article 4 dudit Traité de 1874, la Nation dominicaine a été depuis l'année 1855 et est actuellement légitime propriétaire en droit strict, du territoire de l'ancienne Partie espagnole occupé aujourd'hui par Haïti, et elle est seulement obligée à remplir l'engagement que, selon elle, elle a contracté à l'article 4 dudit Traité ; c'est-à-dire, celui de convenir de l'établissement des lignes frontières entre les deux pays, en prenant pour base l'équité et les intérêts réciproques des deux peuples, convention qui doit se faire au moyen d'un traité spécial effectué par qui aura faculté expresse du peuple pour le faire.

Le Gouvernement dominicain est-il dans l'erreur ? Réclame-t-il quelque chose d'injuste? Aspire-t-il à s'agrandir avec les dépouilles de son voisin ? Ce serait une grave, une énorme faute chez le peuple qui, du jour où il naquit à la vie publique, adopta comme couronnement de ses armes la croix et le saint livre des Evangiles, c'est-à-dire la paix et la vérité, la justice et la persuasion. Mais le peuple dominicain, par cela même qu'il est faible, par cela même qu'il comprend que la couronne de laurier des conquérants ne doit orner le front d'aucun peuple chrétien et civilisé, par cela même qu'il aspire à figurer dans le groupe des nations qui tendent à établir le règne du droit comme le seul digne de l'homme moral ; par cela même, il croit que l'un de ses principaux devoirs est la défense et le maintien rationnel et pacifique de son droit, quelque abattu qu'il se trouve, quelque puissantes que soient les circonstances qui l'étreignent et l'enchaînent.

Il sait que transiger avec l'abus qui s'appuie sur la force et même le tolérer sans protestation morale ou matérielle, c'est accroître l'iniquité ; parce que le spectacle du triomphe du mal et de l'humiliation de la justice est profondément corrupteur et délétère pour la plupart des hommes, qui ne regardent souvent que le présent et son utilité personnelle, oubliant que si l'empoisonnement de la source où l'on s'abreuve serait une insigne folie dans l'ordre matériel, l'empoisonnement ou la corruption de la société où l'on vit, causé par les dérèglements et la perversité, est une monstruosité encore plus grande dans l'ordre moral et certainement plus périlleuse, parce que ses effets sont plus subtils et moins choquants, mais plus pernicieux et considérables. L'homme social n'est véritablement grand qu'autant qu'il est véritablement juste ; et tout autant que l'esprit de justice, prédominant en tout, n'aura pas pénétré les sociétés jusqu'à la moelle des os, le monde oscillera d'un bord de l'abîme à l'autre, poussé tantôt par les éblouissants délires de l'intelligence, tantôt par les fausses et funestes splendeurs de la force. Santo-Domingo, grand jadis fut ensuite pauvre et esclave, et du fond de sa misère *(i desde el cieno de su ergastula)*, il put apprécier la valeur de la liberté et le caractère imprescriptible de la justice. Les chaînes lui firent aimer l'indépendance ; la dure et injuste oppression, le droit. Là il crut, comme le croit tout opprimé, que le droit, émanation de la justice, est immortel ; que la force peut l'opprimer, le torturer, le paralyser ; mais l'anéantir, jamais. Là il crut que les œuvres injustes, pour puissantes qu'elles paraissent, sont faibles et éphémères ; et que toujours pour celui qui sait espérer et souffrir, arrive un jour où le droit, le vrai droit se lève puissant sur tous les obstacles, triomphe et se rend maître de tout, lui servant de piédestal les mêmes éléments qui auparavant servaient à son abaissement et à son oppression. Et de son mépris des violences de la force naît aussi sa disposition à céder aux influences de la raison et de la convenance bien entendue. C'est pourquoi, rendant hommage à ce qui est rationnel, il (Santo-Domingo) éprouve une grande joie à voir remplacer la discussion tenace et intéressée par l'accord amical et les brutales et humiliantes décisions de la force par le jugement serein et impartial de l'arbitre.

Le Gouvernement dominicain erre-t-il dans ce qu'il soutient avec autant de persévérance ? Sous peu vous le déciderez, ô Très Saint Père! car, pour que Vous le résolviez en conscience et en droit, le désaccord existant entre Haïti et Santo-Domingo est soumis à Votre grande expérience et sagesse ; et quelle que soit Votre auguste sentence, le Gouvernement et le peuple dominicains l'accepteront et s'y soumettront comme l'expression saine et vraie de l'impartialité, de la convenance et de la justice.

De Votre Sainteté, avec le plus profond respect et reconnaissance et la plus profonde affection,

*La Légation Dominicaine :*

*Signé :* E. TEJERA, DE FARENBACH.

*Rome, le 2 mai 1896.*


Certifions que le Mémoire ci-dessus et les documents annexes que nous remettons aujourd'hui à MM. les Commissaires spéciaux d'Haïti sont la copie fidèle du Mémoire et des Documents que nous avons remis hier, 3 juin, à la Secrétairerie d'Etat du Saint Siège.

*Rome, le 4 juin 1896.*

*La Légation spéciale Dominicaine :*

*Signé :* E. TEJERA, DE FARENBACH.

3282. — Paris, Société anonyme de l'imprimerie Kugelmann (G. Balitout, directeur),
12, rue de la Grange-Batelière, 12.

www.ingramcontent.com/pod-product-compliance
Ingram Content Group UK Ltd.
Pitfield, Milton Keynes, MK11 3LW, UK
UKHW022331120726
13694UKWH00004B/1571